7주에 완주하는

구약성경 역사산책

7주 커리큘럼

1주차

성서지리 개괄, 초기 청동기 시대

		Check
월	1부 p. 42~56	☐
화	p. 60~72	☐
수	p. 73~89	☐
목	p. 92~99	☐
금	p. 100~108 창 2:10-14, 10:1-32	☐

2주차

중기 청동기 시대, 후기 청동기 시대(Ⅰ)

		Check
월	p. 112~147 창 11:31-26:34	☐
화	p. 150~177	☐
수	p. 178~187상 출 1:8-22, 2:1-22, 5:1-12:36	☐
목	p. 187하~204상 출 12:37-40장, 레 8-10장	☐
금	p. 204하~215 민 20-36장, 신 34장	☐

3주차

후기 청동기 시대(Ⅱ), 철기, 통일왕국 시대

		Check
월	p. 216~237 수 1-24장	☐
화	p. 240~251상	☐
수	p. 251하~290 삿 1:1-21:25	☐
목	2부 p. 16~27 삼상 1-3장, 룻 1-4장	☐
금	p. 30~48 삼상 4-8장	☐

4주차

통일왕국 시대

		Check
월	p. 52~74 삼상 9-15장	☐
화	p. 75~101 삼상 16-31장	☐
수	p. 104~121 삼하 1-7장	☐
목	p. 122~134 삼하 8-20장	☐
금	p. 138~159 왕상 1-11장	☐

5주차

분열왕국 시대(경쟁, 화해, 단절)

		Check
월	p. 162~167	☐
화	p. 168~193 왕상 12:1-16:14, 대하 10-16장	☐
수	p. 196~235 왕상 16:15-22:52, 왕하 1-8장, 대하 17:1-22:9	☐
목	p. 238~263상 왕하 9:1-15:12, 대하 22:10-27장	☐
금	p. 263하~289 아모스, 호세아	☐

6주차

분열왕국 시대(정복), 유다왕국 시대

		Check
월	3부 p. 14~39 왕하 15:13-17:8, 대하 28장, 사 7장	☐
화	p. 42~74상	☐
수	p. 74하~100 왕하 18:1-23:33, 대하 29:1-36:3, 사 20, 36-39장, 미가	☐
목	p. 101~108상 왕하 22:1-23:28, 대하 34:1-35:19	☐
금	p. 108하~125 왕하 23:29-37, 대하 35:20-36:5, 나훔, 스바냐, 하박국	☐

7주차

바벨론 시대(포로), 페르시아 시대(귀환)

		Check
월	p. 128~162 왕하 23:24-25:26, 대하 36:4-19, 렘 27-29, 37-44장, 다니엘	☐
화	p. 163~191 사 40-66장	☐
수	p. 194~224 스 1-6장, 학개, 스가랴	☐
목	p. 225~238 에스더, 말라기, 스 7-10장	☐
금	p. 239~259 느 1-13장	☐

차 례

ASIA
AFRICA

Part 01

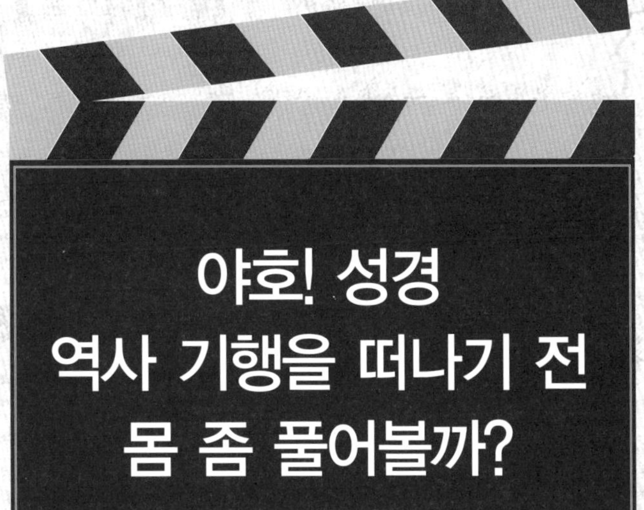

야호! 성경 역사 기행을 떠나기 전 몸 좀 풀어볼까?

Memo

● 고대 근동, 성경이 탄생한 지리적/공간적 배경

· 크리스천이 된 이상 ______와 ______는 선택과목이 아니라 필수과목

· 제대로 된 성경공부는 고대 근동의 지리적 배경에 대한 이해에서 출발해야 함.

● '사이 땅' 이스라엘: 한시도 바람 잘 날 없는 곳

· 이스라엘 땅의 별칭: 가나안, __________, 젖과 꿀이 흐르는 땅, 팔레스타인, 성지

· 반드시 기억해야 할 개념: 사이 땅(The land between)

· 역사/지리/고고학 관점에서 이스라엘을 소개하는 두 권의 책: 제임스 몬슨(The Land Between) & 앤슨 레이니(The Sacred Bridge)

· 이스라엘 땅은 전 세계에서 유일하게 ______________________________다.

· 1580년 독일 하노버에서 제작된 지도

· 겔 5:5 "이것이 곧 예루살렘이라 내가 그를 이방인 가운데 두어 ____________"

· 이스라엘 땅은 세상 역사와 격리된 '무인도'가 아니라 제국들이 호시탐탐 노리던 '태풍의 핵'

· 사이 땅에서 이스라엘 역사(성경 역사)를 써나가신 이유는?

작지만 상업적/지리적/정치적으로 너무 중요해 제국들이 늘 호시탐탐 노리던 땅. 힘이 강하면 강대국으로 부상, 힘이 약하면 고래 싸움에 새우등 터지듯 비참한 운명. 이스라엘 민족을 하나님의 백성으로 담금질하기에 최고로 안성맞춤인 ________

Memo

● 고대 근동 국가들의 지리적 배경

· 이스라엘 땅을 바라보는 두 가지 카테고리

_______ 관점: 가나안, 약속의 땅, 젖과 꿀이 흐르는 땅, 성지

_______ 관점: 사이 땅

· 1차 문헌으로서 성경은 역사 스토리임.

· 우리를 주눅들게 하는 수많은 지명과 도시들

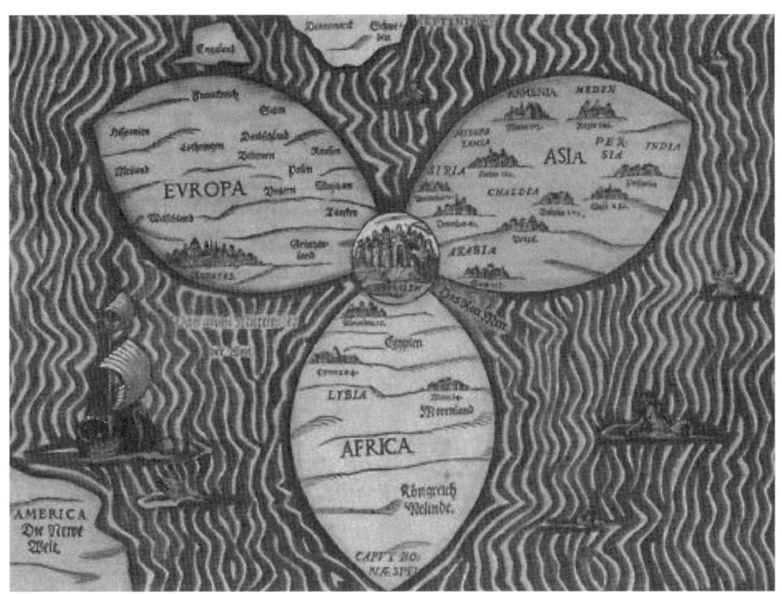

• 하인리히 분팅이 그린 '성경 여행기'(1580년경)

● 현대와 고대 근동 지도 비교

Memo

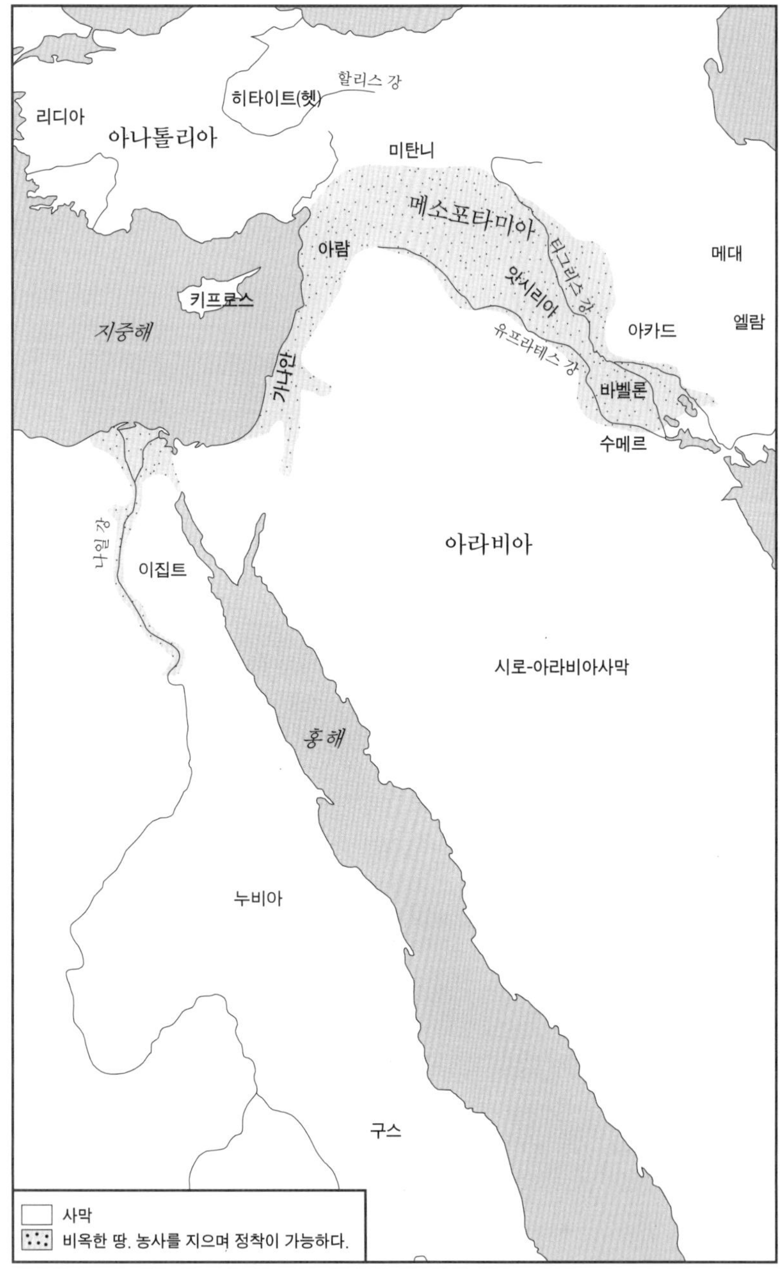

• 고대의 근동 지역

Memo

• 현대의 근동 지역

Memo

● 이집트

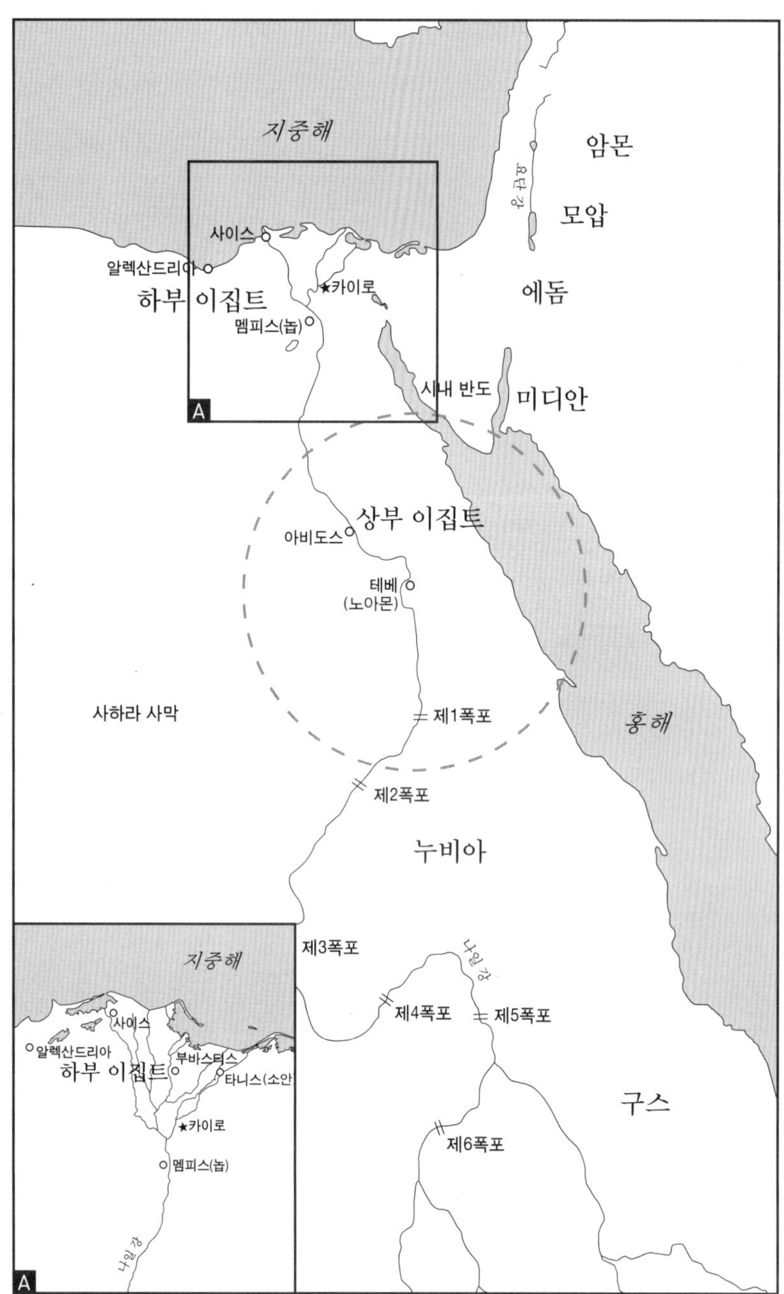
지중해
암몬
모압
요단 강
사이스
알렉산드리아
★카이로
하부 이집트
에돔
멤피스(놉)
시내 반도
미디안
A
상부 이집트
아비도스
테베
(노아몬)
사하라 사막
제1폭포
홍해
제2폭포
누비아
지중해
제3폭포
나일 강
사이스
제4폭포
제5폭포
알렉산드리아
부바스티스
하부 이집트
타니스(소안)
구스
★카이로
제6폭포
멤피스(놉)
나일 강
A

Memo

● 메소포타미아

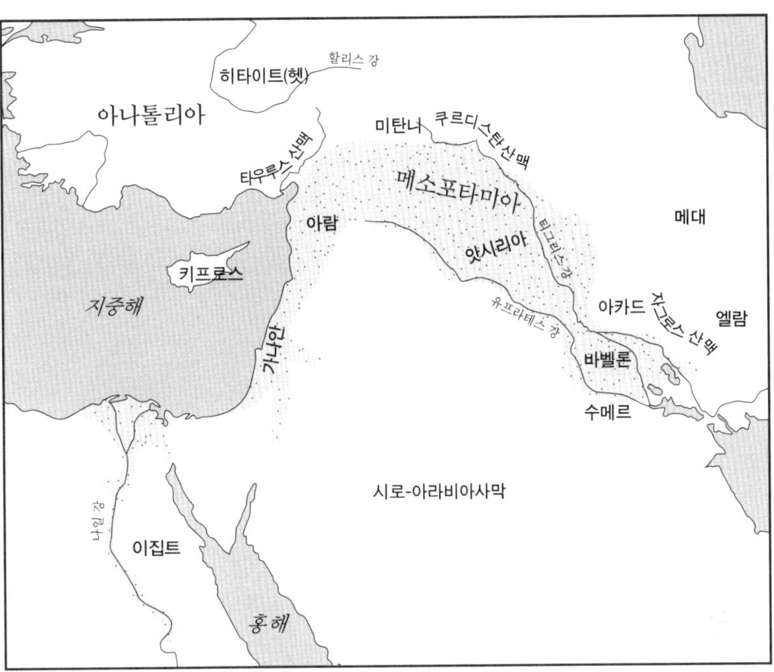

히타이트(헷)
할리스 강
아나톨리아
미타니
쿠르디스탄산맥
타우루스산맥
메소포타미아
아람
메대
앗시리아
티그리스 강
키프로스
지중해
유프라테스 강
아카드
자그로스 산맥
엘람
가나안
바벨론
수메르
시로-아라비아사막
나일 강
이집트
홍해

티그리스 강
미탄니
갈그미스
하란
앗시리아
니느웨
알레포
에블라
안디옥
갈라
앗수르
오론테스 강
유프라테스 강
메소포타미아
키프로스
마리
바그다드
아카드
다메섹
지중해
아카드
바벨론
바벨론
수사
수메르
우르
엘람
시내
반도
시로-아라비아 사막

● 레바논/시리아

Memo

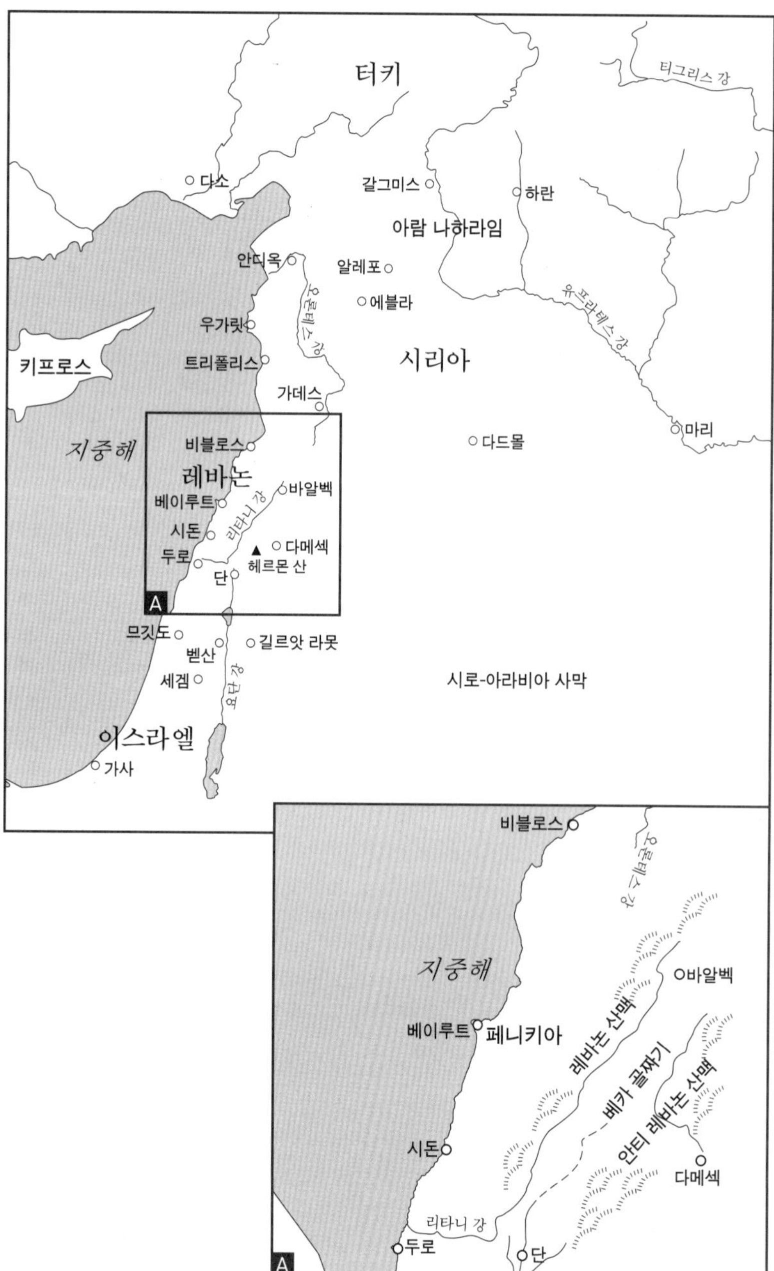

터키
티그리스 강
다소
갈그미스
하란
아람 나하라임
안디옥
알레포
에블라
오론테스 강
유프라테스 강
우가릿
키프로스
트리폴리스
시리아
가데스
지중해
비블로스
레바논
다드몰
마리
베이루트
리타니 강
바알벡
시돈
두로
다메섹
헤르몬 산
단
A
므깃도
벧산
길르앗 라못
세겜
요단 강
시로-아라비아 사막
이스라엘
가사
비블로스
오론테스 강
지중해
바알벡
베이루트
페니키아
레바논 산맥
베카 골짜기
안티 레바논 산맥
시돈
다메섹
리타니 강
두로
단
A

● 성경의 주무대 이스라엘의 지역 구분

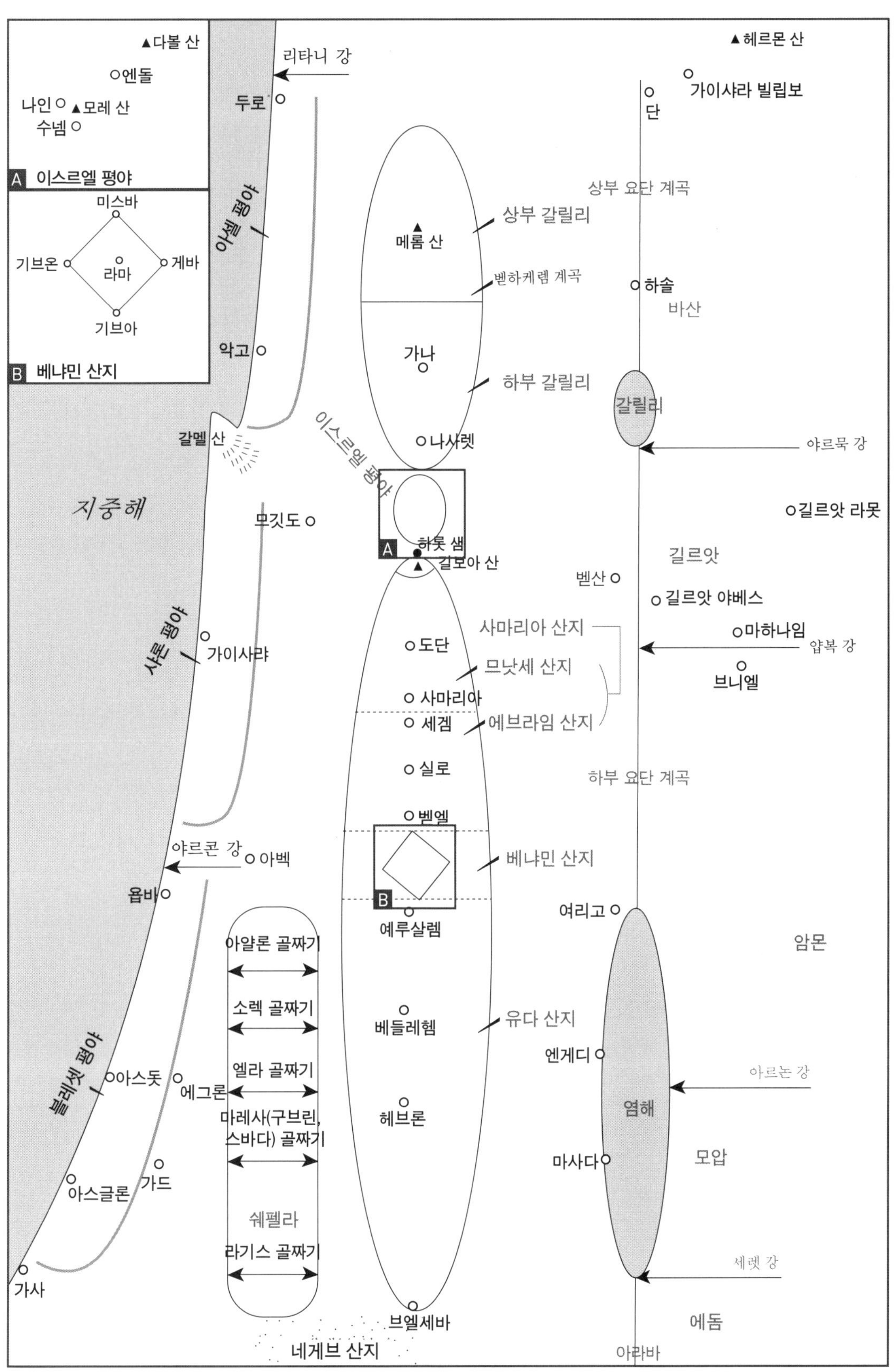

• 이스라엘 지도

● 이스라엘 지도 프랙티스

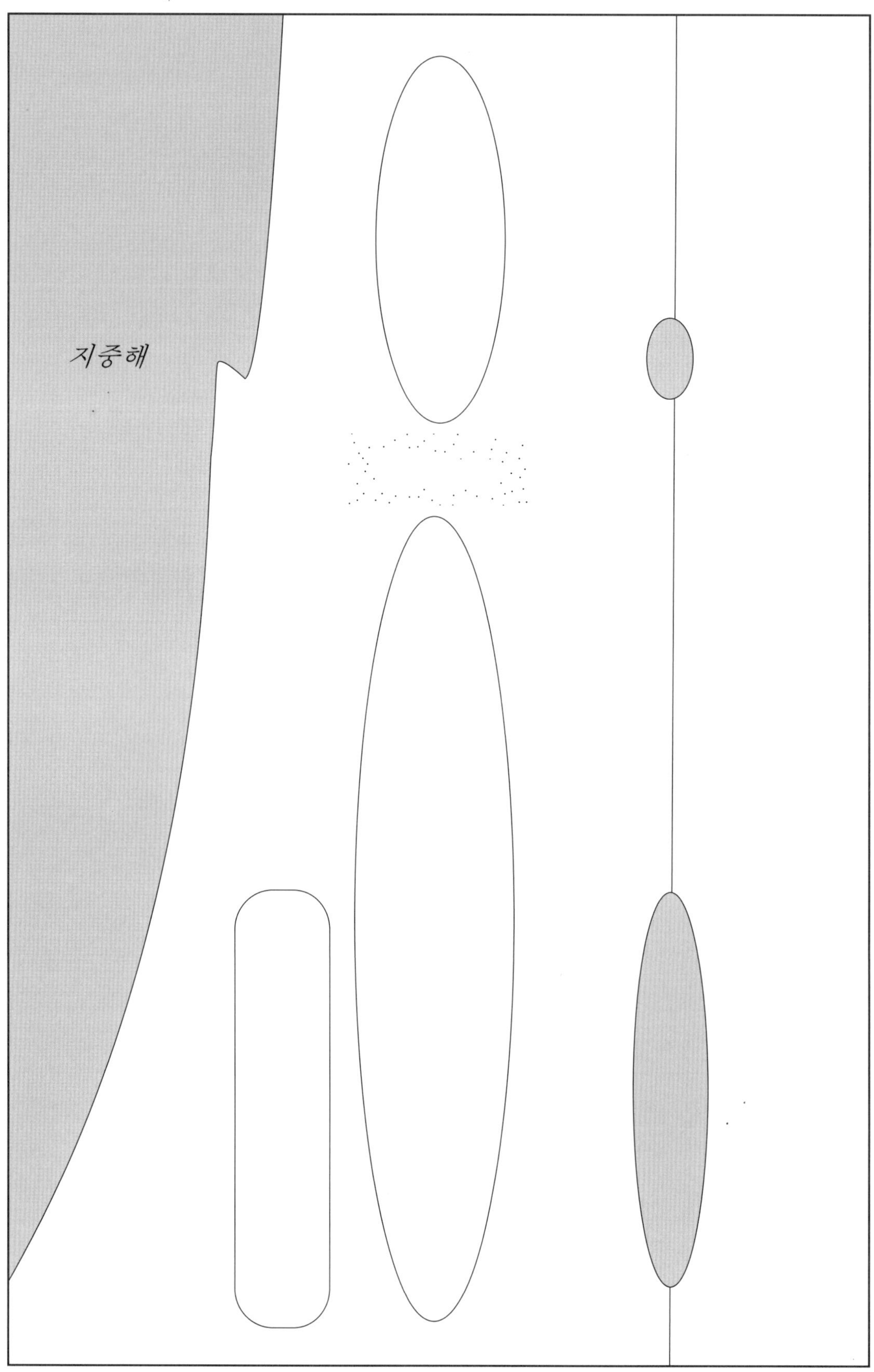

Memo

● 지역구분

· **서부 해안평야**: 블레셋/샤론/아셀

· **서부 산악지대**: 네게브/유다/베냐민/사마리아/하부 갈릴리/상부 갈릴리

· **중앙 대협곡**: 아라바/염해/하부 요단 계곡/갈릴리/상부 요단 계곡

· **동부 산악지대**: 에돔/모압/암몬/길르앗/바산

● 도로

· 해변길(Via Maris): 사 9:1, 2; 마 4:15

· 왕의 대로(King's Highway): 민 20:17

· 족장의 길(Patriarch's road)

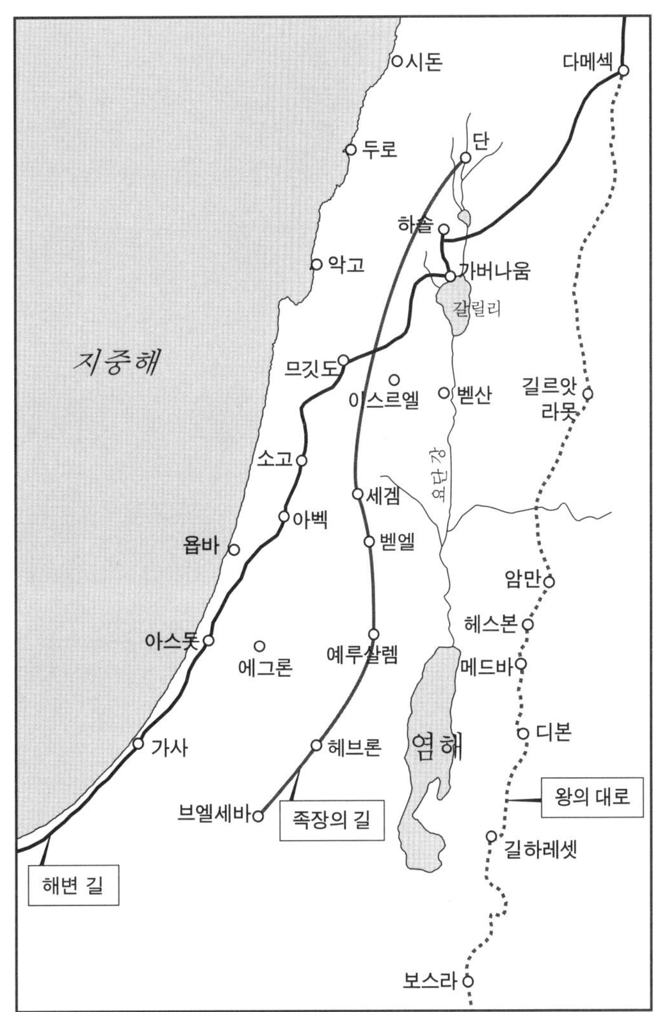

Memo

● 역사도표

1. 초기 청동기 시대(주전 3300-2000년): 아브라함 이전의 가나안 시대
2. 중기 청동기 시대(주전 2000-1550년): 족장 시대
3. 후기 청동기 시대(주전 1550-1200년): 출애굽, 가나안 정복 시대
4. 철기 시대(주전 1200-1050년): 사사 시대
5. 왕국 시대(주전 1050-586년)
6. 페르시아 시대(주전 586-331년)
7. ______ 시대(주전 331-167년)
8. 마카비 시대(주전 167-63년)
9. 로마 시대(주전 63-주후 313년)
10. _______ 시대(주후 313-638년)
11. 초기 아랍 시대(주후 638-1096년)
12. 십자군 시대(주후 1096-1291년)
13. 후기 아랍 시대(주후 1291-1517년)
14. ___________ 시대(주후 1517-1917년)
15. 영국 위임통치 시대(주후 1917-1948년)
16. 현대 국가 이스라엘 시대(주후 1948-현재)

Part 02

도시국가들의 탄생 그리고 신화가 되어버린 역사

초기 청동기 시대: 아브라함 이전의 가나안 시대

주전 3300-2000년

Memo

● 메소포타미아

수메르 주전 2900-2350년: 메소포타미아에 등장한 최초의 문명

· 키시/우룩/니푸르/라가쉬/우르 등 산발적으로 흩어진 12개 도시국가 연합체

· 영속적인 통일이 이루어진 적이 없음

· 다신교(_________의 신 엔릴이 최고 신, 니푸르)

아카드 주전 2350-2200년: 메소포타미아에서 최초로 등장한 제국

· 창건자 ________이 세운 메소포타미아 최초의 제국

· 아카드 제국이 남긴 두 가지 흔적

1. 넓은 영토를 통치하는 ________ 개념

2. _________ 확산

· 구티족에 멸망

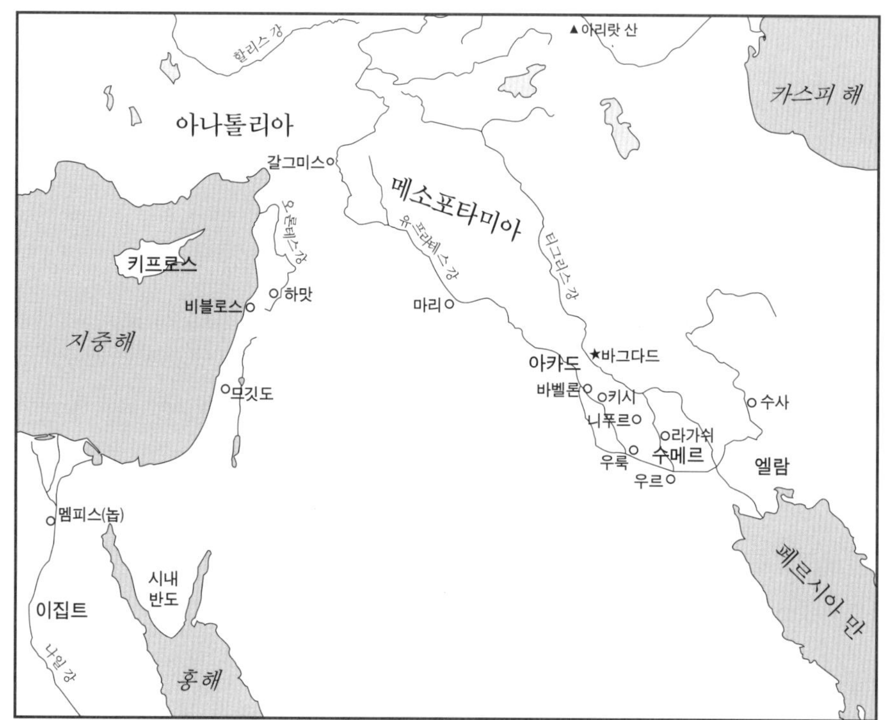

· 초기 청동기 시대의 메소포타미아

천지창조와 대홍수 이야기

1. 천지창조 이야기: '에누마 엘리쉬'

2. 대홍수 이야기: '아트라하시스'와 '길가메시

• 바벨론 당시의 홍수 이야기가 기록된 바벨론 점토판

Memo

● 이집트

· 고왕조(1-6왕조)

제1혼란기(7-10왕조)

· 중왕조(11, 12왕조)

제2혼란기(13-17왕조)

· 신왕조(18, 19왕조)

제3혼란기(20-31왕조)

고왕조(주전 29-23세기, 1-6왕조): 피라미드 시대와 태양신 혁명

· 1왕조 창건자 ______

피라미드 시대(3왕조의 조세르, 4왕조의 쿠푸)

헬리오폴리스(온)의 주신인 태양신 레(Re) 혁명

제1혼란기(주전 22-21세기, 7-10왕조): 피라미드 텍스트의 보편화

· 멤피스를 중심한 7, 8왕조, 헤라클레오폴리스를 중심한 9, 10왕조

신적 존재로서 ________에 대한 비판이 대두(피라미드 텍스트의 보편화)

· 초기 청동기 시대의 이집트

* 에덴동산에서 발원한 네 개의 강 **창 2:10-14**

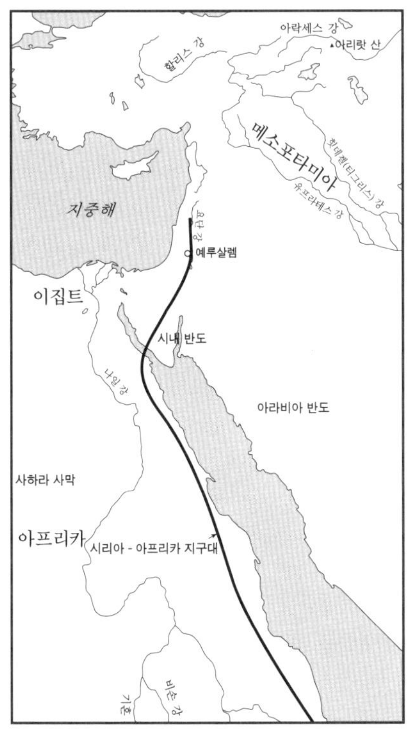

• 시리아–아프리카 지구대와 네 개의 강

* 노아의 후손들과 열방의 민족들 **창 10:1-32**

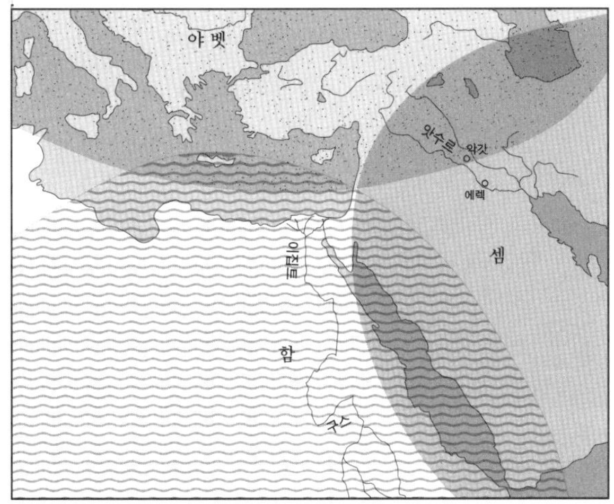

• 흩어진 셈, 함, 야벳 족속들

• 야벳 종족

• 함 종족

• 셈 종족

ASIA
AFRICA

Part 03

찬란한 근동 문화 속에 싹트는 이스라엘

중기 청동기 시대: 족장 시대

주전 2000~1550년

· 이스라엘 민족이 기원한 시대
· 창 12-50장

Memo

● 메소포타미아

우르 3왕조 주전 2100-1950년: 수메르의 마지막 부흥 운동

· 구티족 습격으로 아카드 멸망(주전 2200년경)

· 남부 수메르 지역은 반독립적 위치를 누리며 재기를 위한 몸부림

· 우룩의 왕 우투헤갈이 구티족 압제를 종식, 그의 형제인 우르남무가 _________를 수도로 수메르 왕조 창건

· '수메르와 아카드'의 왕으로 선포, 대규모 지구라트 건설(성경에 나오는 _______?)

바벨론-마리 경쟁 시대: 함무라비 대왕과 바벨론 제국 출현

· 우르 3왕조 멸망 후 200여 년간 군소국가들의 각축장

· 남부: 이신-라르사-바벨론 경쟁(바벨론) 북부: 마리-앗수르(마리)

· 최후 승자는 바벨론(_________ 대왕, 주전 1728-1686년)

· 바벨론은 국제도시로 도약하고 ________은 만신전의 최고신으로 부상

• 바벨론-마리 경쟁 시대

* 마리 문서와 이스라엘의 기원

* 함무라비 법전과 모세의 율법

· 함무라비 법전

Memo

● 이집트

중왕조 주전 2040-1786년, 11, 12왕조: 아몬-레 신의 등장

· 11왕조(주전 2040-1991년), 수도는 ______, 멘투호텝

· 12왕조(주전 1991-1786년), 수도는 ______, 아메넴헷, 200년 이상 지속된 번영의 시대

· 아메넴헷 1세(주전 1991-1962년): 지방 호족들의 추대로 즉위, 사병 소유 인정, 결국 시종에게 암살됨

· 세소스트리스 1세(주전 1971-1928년): 번영의 시대, 가나안/시리아와 교역, 시내산에서 구리 광산 발견되며 든든한 재원

· 아메넴헷 2세(주전 1929-1895년)

· 세소스트리스 3세(주전 1878-1843년): 최고 전성기, 페니키아/크레타와 교역 확대, 문화적 황금기(수학/의술 발달 절정기)

· 아메넴헷 3세, 아메넴헷 4세, 세베크네푸르

HomeWork

* 저주문서: 최초로 __________이 등장하는 근동 문서

• 포박된 포로 모양의 저주 문서

Memo

제2혼란기 주전 1786–1570년, 13–17왕조: 아시아에서 몰려온 힉소스 왕조의 출현

· 단명한 13, 14왕조

· 힉소스 왕조 출현(주전 1720-1570년, 15, 16왕조): 아바리스(소안)에 수도, 하솔에 제2수도(수 11:10, "하솔은 본래 그 모든 나라의 머리였더니")

중왕조의 이집트

아브라함이 기근을 만나 이집트에 들어간 시기는?

연대	사건	성경 근거 구절
주전 2166년	아브라함 탄생	
주전 2091년	아브라함이 하란에서 이주. 아브라함 나이 75세	창세기 12:4
주전 2066년	이삭 탄생(아브라함 나이 100세)	창세기 21:5
주전 2006년	야곱 탄생(이삭 나이 60세)	창세기 25:26
주전 1876년	야곱이 130세에 가족과 애굽으로 이주	창세기 47:9
	애굽에서 430년간 노예 생활	출애굽기 12:40
주전 1446년	출애굽	
주전 966년	솔로몬 성전 건축 시작	열왕기상 6:1

요셉이 이집트에 노예로 팔려 간 시기는?

Memo

● 아브라함의 생애 **창 11:31-25:10**

· 우르에서 하란으로(창 11:31-32)

· 하란에서 세겜으로(창 12:1-7)

· 벧엘(창 12:8)

· 남방을 거쳐 애굽으로(창 12:9-20)

· 롯은 왜 요단 동편으로 갔을까?

· 애굽에서 벧엘로(창 13:1-17)

· 벧엘에서 헤브론으로(창 13:18-19:38)

· 헤브론에서 그랄로(창 20:1-21:21)

· 그랄에서 브엘세바로(창 21:22-22:24)

Memo

· 브엘세바에서 헤브론으로(창 23:1-25:10)

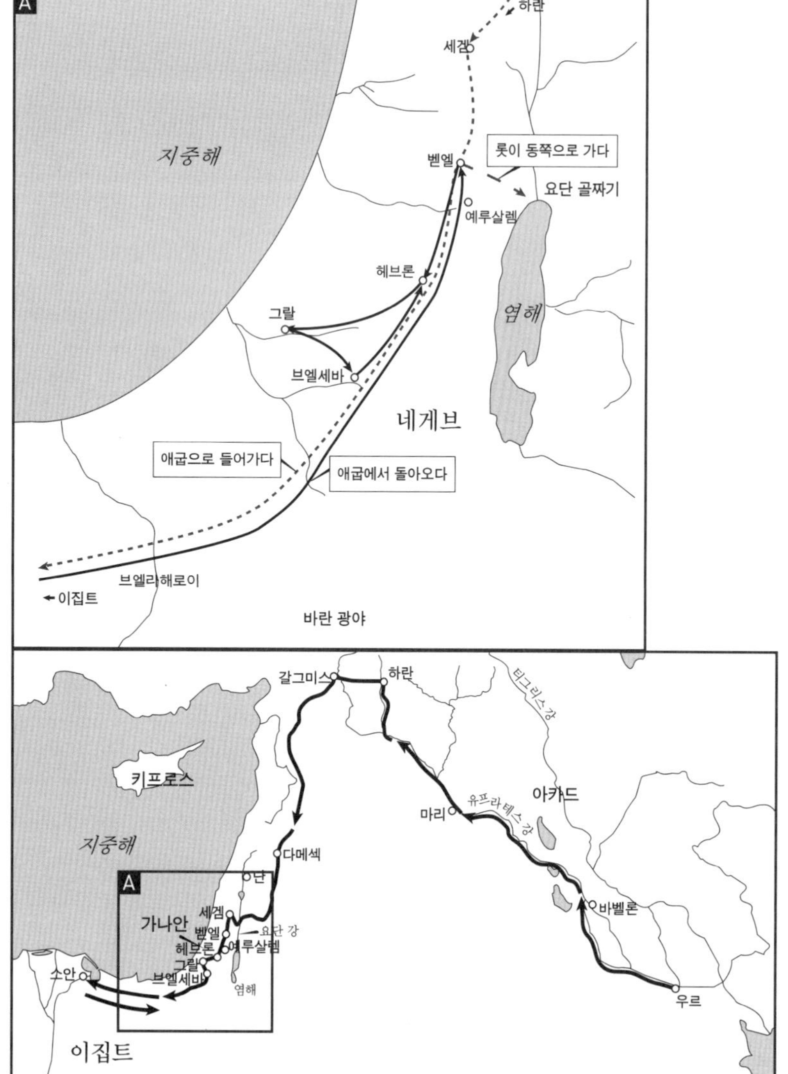

아브라함의 이동 경로

Memo

● 이삭의 생애 창 25:11-26:34

· 브엘라해로이(창 25:11-34)

· 브엘라해로이에서 그랄로(창 26:1-22)

· 그랄에서 브엘세바로(창 26:23-34)

· 브엘세바에서 헤브론으로(창 35:27-29)

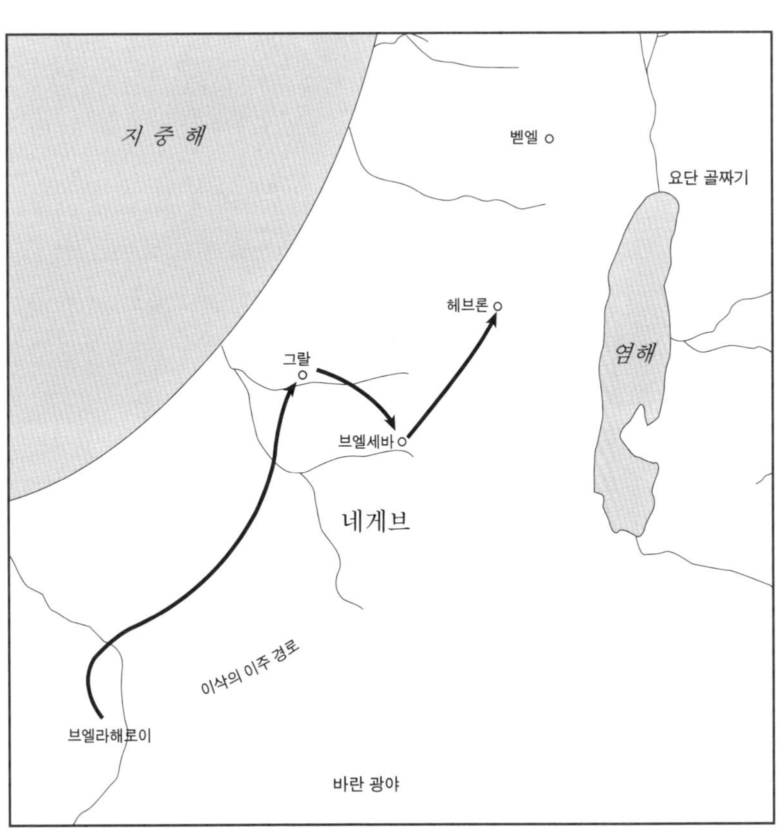

• 이삭의 이동 경로

● 야곱의 생애 창 27:1–35:29

· 브엘세바(창 27:1-28:9)

· 벧엘(창 28:10-22)

· 하란(창 29, 30장)

· 길르앗 산(창 31장)

· 마하나임/브니엘(창 32:1-33:16)

· 숙곳(창 33:17)

Memo

· 브엘세바에서 벧엘까지의 거리

· 라반의 뜻

· 브니엘과 하나님의 얼굴

Memo

· 세겜(창 33:18-34:31)

· 벧엘(창 35:1-15)

· 에브랏(창 35:16-22)

· 헤브론(창 35:27-29)

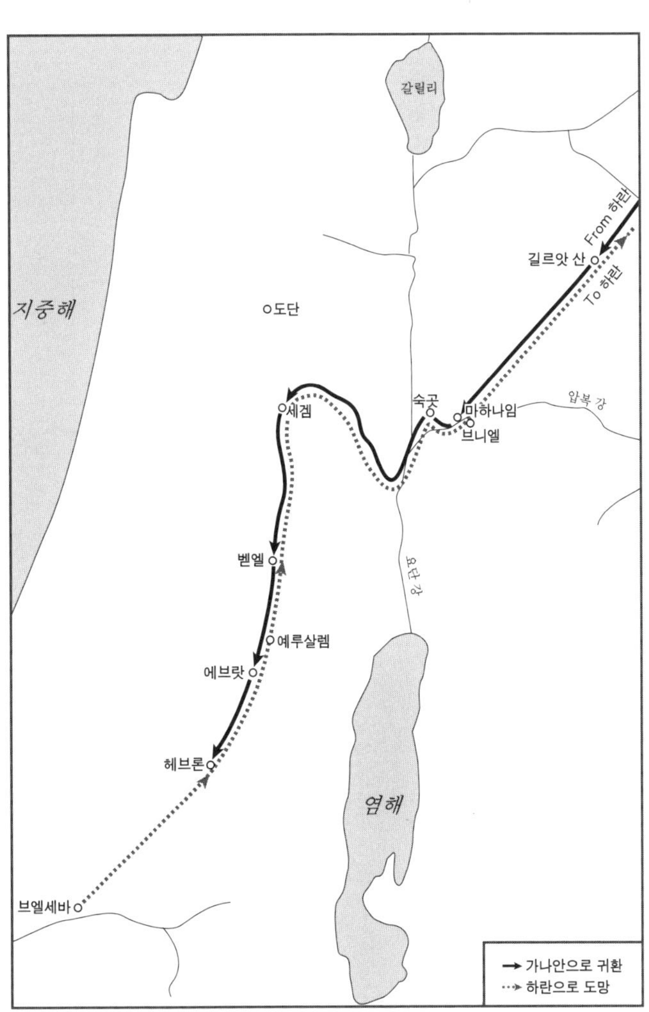

. 야곱의 여정

● 요셉의 생애 창 37-50장

· 헤브론(창 37:1-11)

· 세겜(창 37:12-14)

· 도단(창 37:15-36)

· 애굽(창 39-50장)

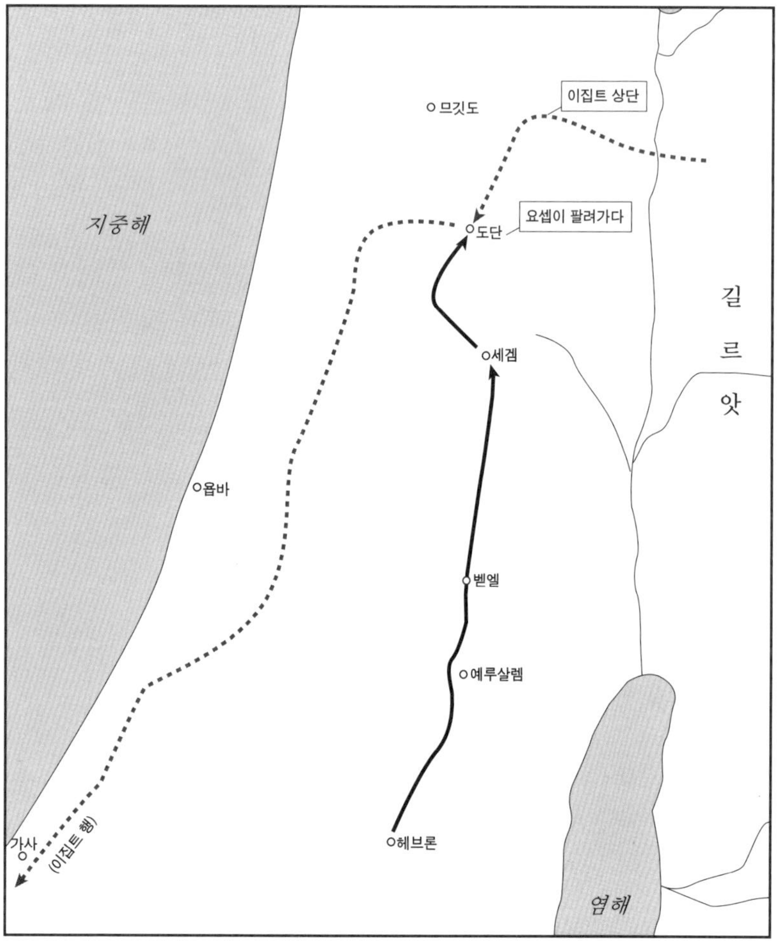

Memo

· 야곱은 왜 세겜으로 양 떼를 치러 간 아들들의 안부가 궁금했을까?

· 요셉의 여정

Part
04

광야를 넘고
바다를 건너
약속의 땅으로!

후기 청동기 시대: 출애굽 & 가나안 정복 시대

주전 1550~1200년

· 이스라엘이 민족 단위로 출현해 국가로 형성되는 시기
· 이집트에서의 종살이/출애굽과 광야 여정/가나안 정복
· 출애굽기-여호수아서

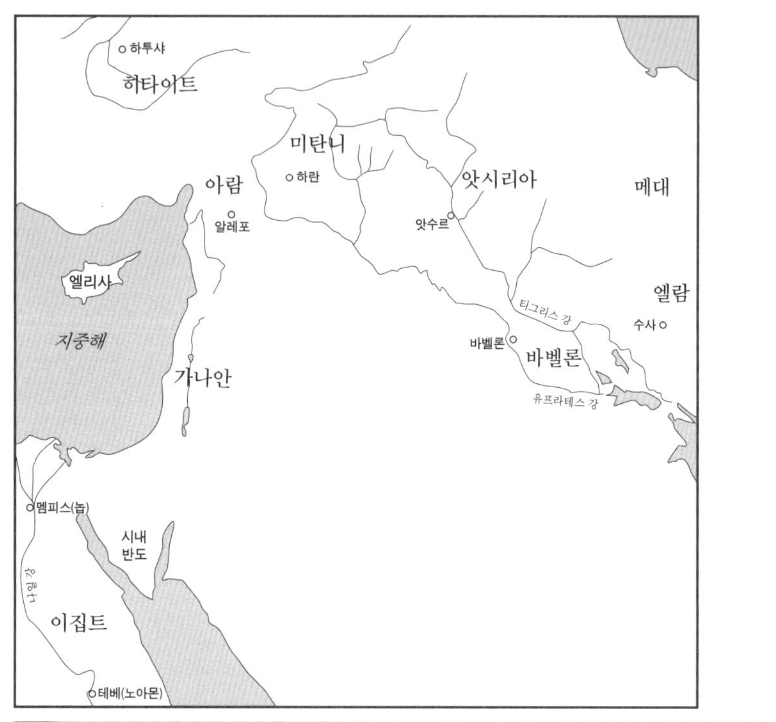

Memo

• 후기 청동기 시대의 메소포타미아

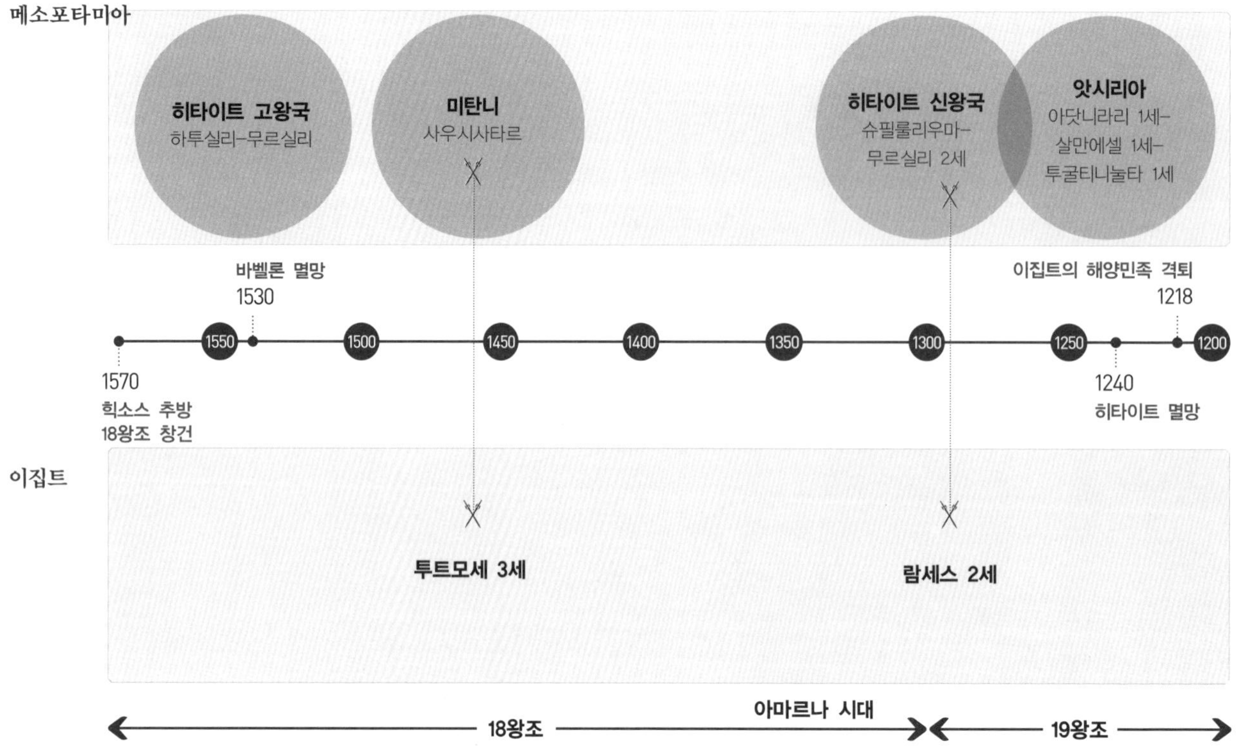

Memo

● 메소포타미아

· 히타이트 고왕국-미탄니-히타이트 신왕국-앗시리아가 순차적으로 발흥

히타이트 고왕국: 바벨론 제국 멸망 주전 1530년

· 헷 사람(우리아 장군, 에브론)

· 주전 17세기 초 하투실리가 건국, 후계자 무르실리의 ________________ 정복, 이후 무르실리 암살로 장기간 쇠퇴기

• 후리족이 개발한 전차 부대

미탄니: 이집트 투트모세 3세와 전쟁

· 주전 16세기 말 창건, 사우시사타르 때 전성기(투트모세 3세와 전쟁), 이후 이집트와 평화조약

히타이트 신왕국: 이집트 람세스 2세와 전쟁

· 주전 14-12세기, 슈필룰리우마 때 전성기, 무와탈리 2세는 람세스 2세와 10년이 넘는 장기전

· ___________ 침입으로 멸망(주전 1240년)

앗시리아: 미탄니 합병

· 메소포타미아에서 가장 오래 지속된 왕국(주전 3천 년경-주전 612년)

· 고대/중세/신앗시리아, 여기선 주전 14세기부터 시작되는 중세 앗시리아

· 13세기 전체를 아우르며 장수한 세 후계자로 전성기(아닷니라리 1세/살만에셀 1세/투굴티니눌타 1세)

바벨론: 카시트 왕조

· 400년간 이어진 지독한 암흑기

● 이집트: 신왕조 주전 1570-1200년, 18, 19왕조

18왕조 주전 1570-1304년: 위대한 제국 시대 개막

· 아흐모세(주전 1570-1546년): 위대한 해방자

· 아멘호텝 1세(주전 1546-1526년)

· 투트모세 1세(주전 1526-1518년): 외동딸 핫셉수트만 남기고 죽음

· 투트모세 2세(주전 1518-1504년): 자식 없이 죽음

· 핫셉수트(주전 1503-1482년): 22년간 섭정하며 태평성대

· 투트모세 3세(주전 1504-1450년): 고대 이집트의 나폴레옹

· 아멘호텝 2세(주전 1450-1415년)

· 투트모세 4세(주전 1415-1401년)

· 아멘호텝 3세(주전 1401-1364년)

· 아흐모세 두상

· 핫셉수트 상

· 투트모세 3세 상

아마르나 시대 18왕조 말기: 유일신 종교혁명

· 아멘호텝 4세(주전 1364-1347년): 수도 이전(아비도스), 종교개혁(아텐 숭배)

· 스멘크카레(주전 1347-1344년): 3년의 짧은 통치로 비명에 횡사

· 투탕카몬(주전 1344-1335년): 수도 이전(테베)

· 아이(주전 1335-1331년)

· 호렘합(주전 1331-1304년)

Memo

HomeWork

* 왕가의 계곡

· 왕가의 계곡

* 아마르나 문서: ________, 아마도 히브리 민족을 가리키는 말(?)

· 아마르나 문서

19왕조 주전 1304-1200년: 이집트의 마지막 번영기

· 람세스 1세(주전 1304-1302년)

· 세티 1세(주전 1302-1290년)

· 람세스 2세(주전 1290-1224년): 10년이 넘는 히타이트 전쟁, 뛰어난 정력가

· 메르넵타(주전 1224-1211년): 해양민족 격퇴

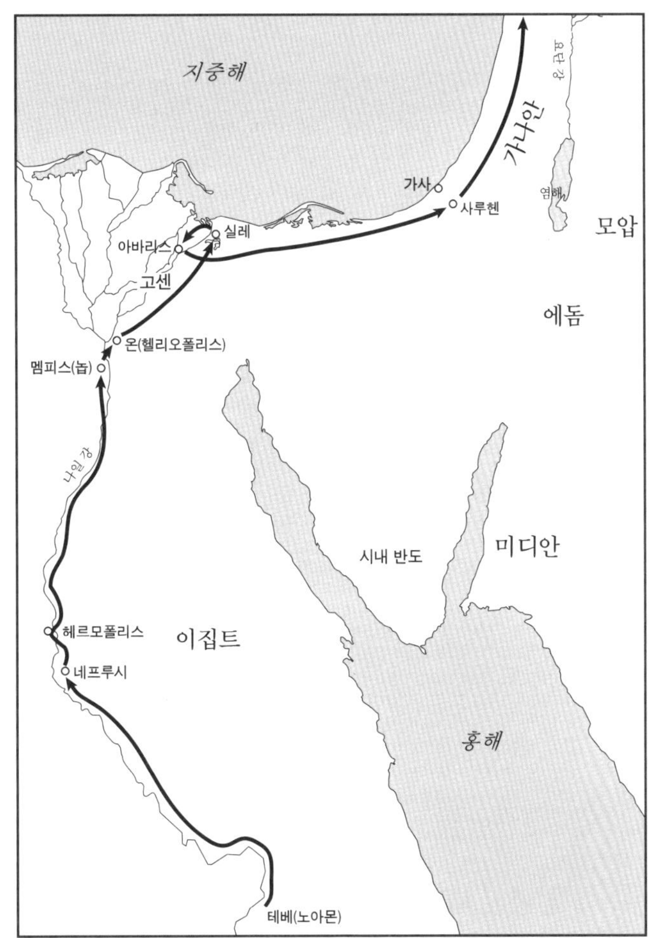

• 힉소스 왕조를 추방한 아흐모세

Memo

HomeWork

* 황금가면: 파라오의 저주란 이런 것(?)

• 투탕카멘의 황금가면

* 메르넵타 석비: ________ 이란 국가가 등장하는 최초의 근동 문헌

• 메르넵타의 이스라엘 석비

* 출애굽은 언제 있었나?

* 요셉을 알지 못하는 새 왕은 누구인가? 출 1:8-14

* 남자아이를 죽이라고 명령한 파라오 출 1:15-22

* 모세의 탄생과 모세를 구원한 이집트 공주 출 2:1-22

* 출애굽 당시의 파라오 출 5:1-12:36

* 열 가지 재앙 출 7:14-12:36

• 풍뎅이 자국

• 하토르 여신상

• 아피스 황소상

Memo

● 출애굽 여정 출 12:37–신 34:12

1. 라암셋에서 시내 산까지
2. 시내 산에서
3. 시내 산에서 가데스바네아까지
4. 바란 광야에서 방황
5. 가데스바네아에서 모압 평지까지

1. 라암셋에서 시내 산까지 출 12:37–18장

· 라암셋에서 숙곳(출 12:37-13:19)

· 에담 광야(출 13:20-22)

· 바알스본 맞은편에서 홍해를 건넘(출 14:1-15:21)

· 마라(출 15:22-26)

· 엘림(출 15:27)

· 신(sin) 광야(출 16:1-36)

· 르비딤(출 17, 18장)

Memo

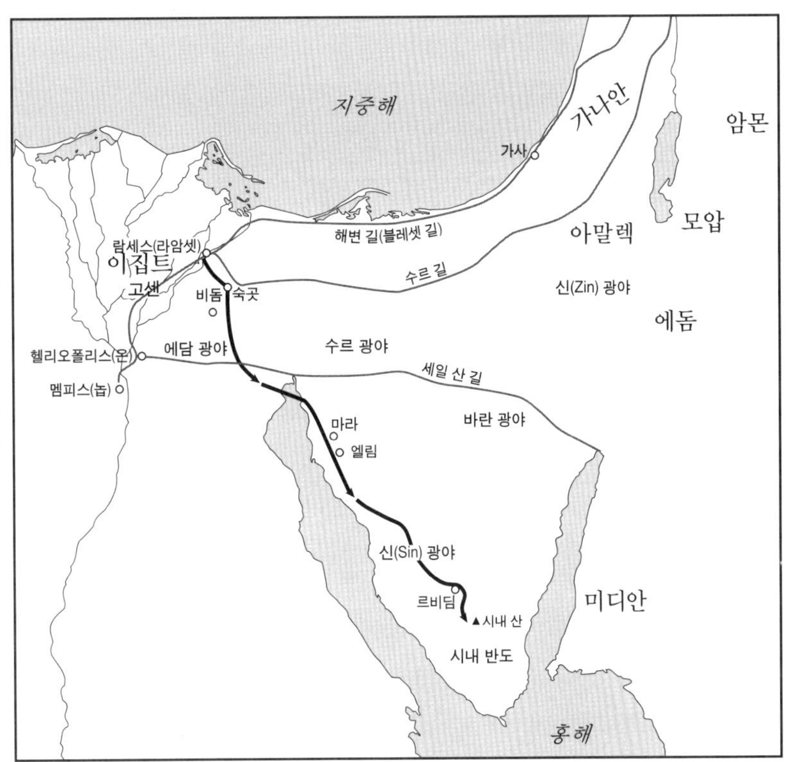

지중해
가나안
암몬
가사
모압
아말렉
해변 길(블레셋 길)
람세스(라암셋)
이집트
고센
수르 길
신(Zin) 광야
비돔
숙곳
에돔
에담 광야
수르 광야
헬리오폴리스(온)
세일 산 길
멤피스(놉)
마라
바란 광야
엘림
신(Sin) 광야
미디안
르비딤
시내 산
시내 반도
홍해

• 라암셋에서 시내 산까지의 여정

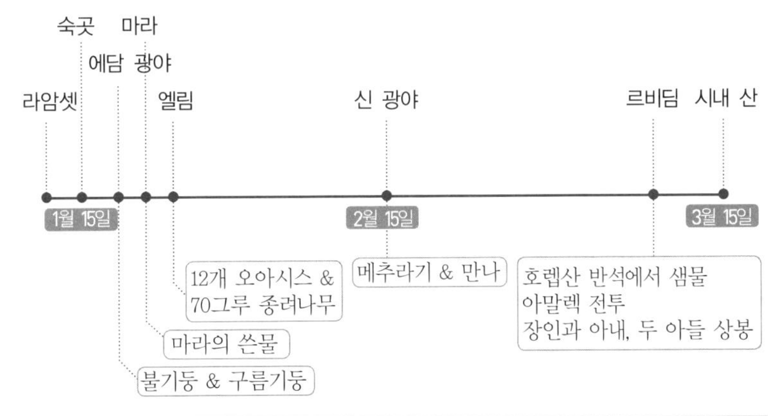

숙곳
마라
에담 광야
라암셋
엘림
신 광야
르비딤
시내 산
1월 15일
2월 15일
3월 15일
12개 오아시스 &
70그루 종려나무
메추라기 & 만나
호렙산 반석에서 샘물
아말렉 전투
장인과 아내, 두 아들 상봉
마라의 쓴물
불기둥 & 구름기둥

2. 시내 산에서 출 19-40장, 레 8-10장, 민 1, 9, 10장

Memo

· 여호와의 시내 산 강림(출 19:1-15)

· 1차 시내 산 등정(출 19:16-23:33)

· 하산(출 24:1-8)

· 2차 시내 산 등정(출 24:9-31:18, 첫째 40일)

· 하산(출 32, 33장)

· 3차 시내 산 등정(출 34장, 둘째 40일)

· 하산(출 35-39장)

· 성막 봉헌(출 40장)

Memo

· 제사장 위임식(레 8, 9장)

· 나답과 아비후의 범죄(레 10:1-7)

· 유월절 지킴(민 9장)

· 인구조사(민 1장)

· 시내 산 출발(민 10장)

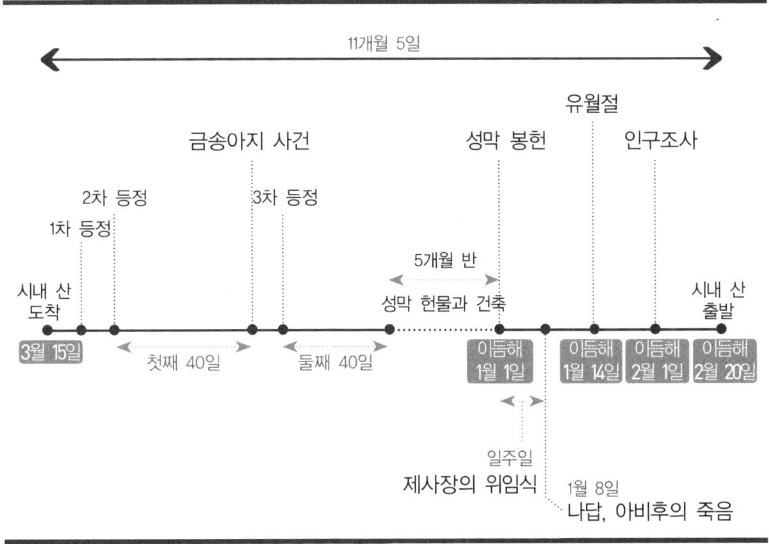

Memo

3. 시내 산에서 가데스바네아까지 민 11-14장

· 다베라(민 11:1-3)

· 기브롯 핫다아와(민 11:4-34)

· 하세롯(민 11:35-12:16)

· 가데스바네아(민 13, 14장)

Memo

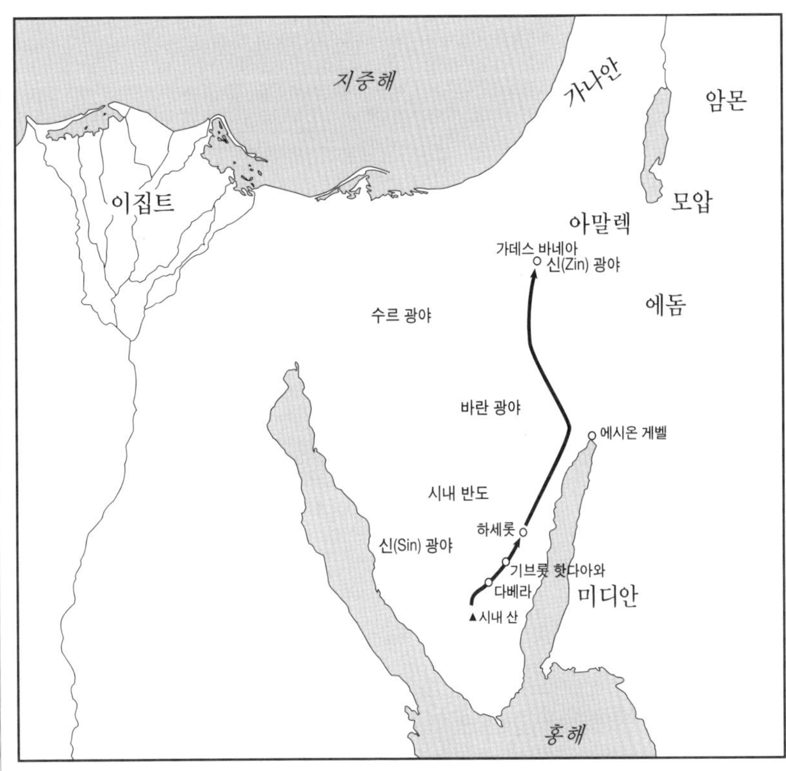

• 시내 산에서 가데스바네아까지의 여정

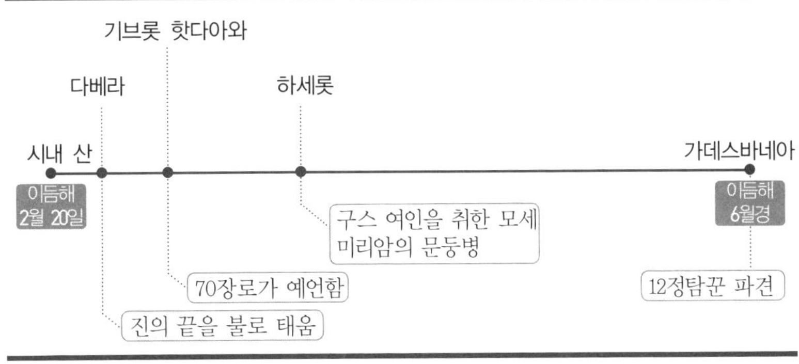

4. 바란 광야에서 민 15-19장

Memo

· 광야 2세대는 왜 요단 동편을 우회해서 진군했을까?

"형제들아 나는 너희가 알지 못하기를 원하지 아니하노니 우리 조상들이 다 구름 아래에 있고 바다 가운데로 지나며 모세에게 속하여 다 구름과 바다에서 세례를 받고."

고전 10:1-2

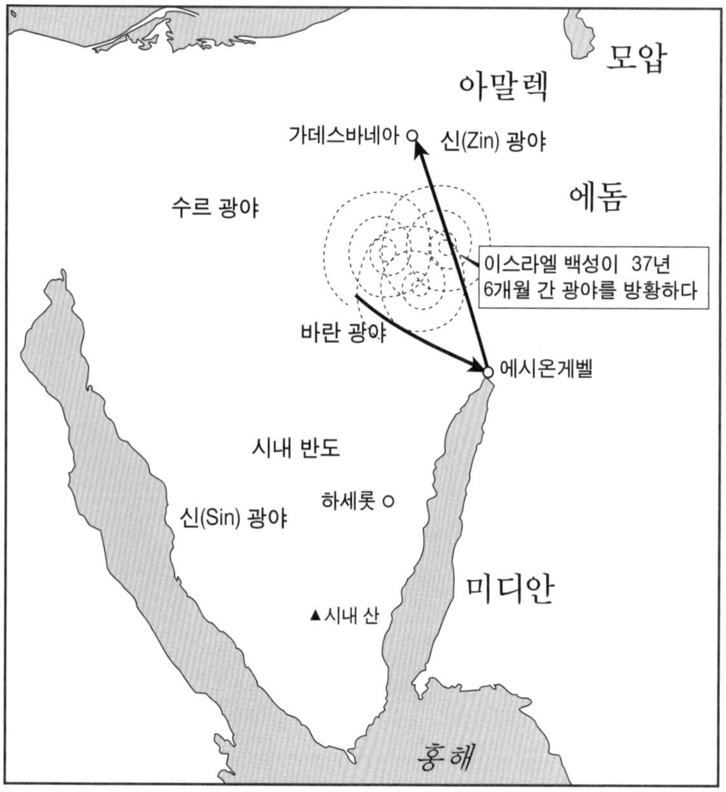

• 바란 광야에서 37년 6개월 동안의 방황

Memo

5. 가데스바네아에서 모압 평지까지 민 20-36장, 신 34장

· 미리암의 죽음(민 20:1)

· 반석에서 물이 나옴(민 20:2-13)

· 에돔 땅 통과 요청과 거절(민 20:14-21)

· 아론의 죽음(민 20:22-29)

· 아랏 왕을 쳐서 이김(민 21:1-3)

· 에돔 땅 우회(민 21:4-20)

· 아모리 왕 시혼과 바산 왕 옥을 물리침(민 21:21-35)

· 모압 왕 발락과 발람 선지자(민 22-25; 31장)

· 요단 동편에 정착한 세 지파(민 32장)

· 가나안 정복 준비를 위한 조치들(민 26-30장; 33:50-36:13)

· 모세의 죽음(신 34장)

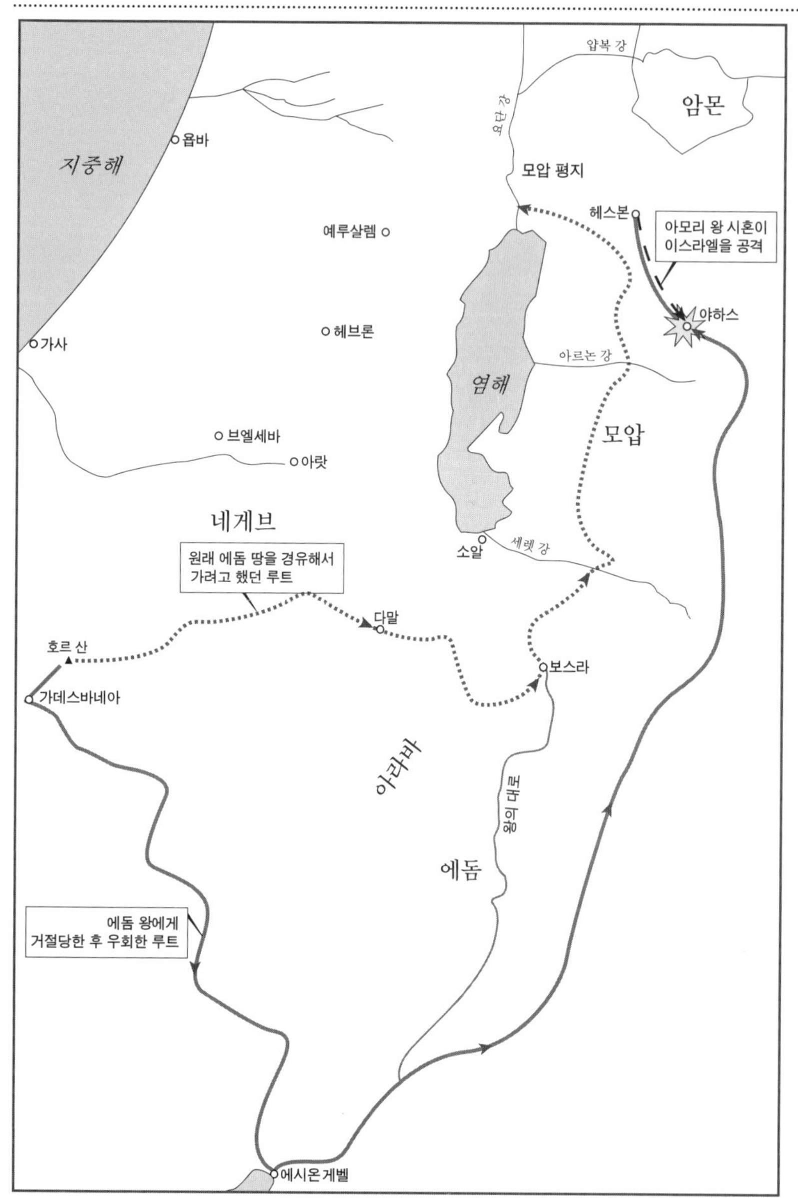

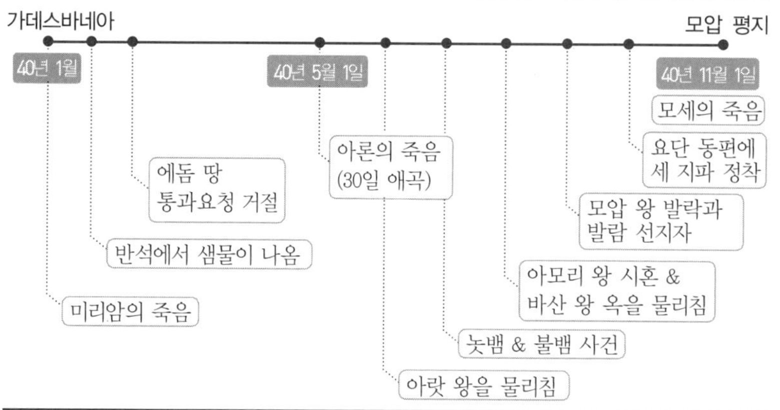

Memo

· 모세는 왜 가나안 땅에 못 들어갔을까?

"다 같은 신령한 음식을 먹으며 다 같은 신령한 음료를 마셨으니 이는 그들을 따르는 신령한 반석으로부터 마셨으매 그 반석은 곧 그리스도시라."

고전 10:3-4

* 가데스바네아에서 모압 평지까지의 여정

Memo

● 가나안 정복 전쟁 수 1-24장

1. 가나안 땅으로 들어가다
2. 가나안 중부 지방 정복
3. 가나안 남부/북부 지방 정복
4. 가나안 땅 분배

1. 가나안 땅으로 들어가다 수 2-5장

· 여리고 정찰(수 2장)

....

....

· 요단 강 도하(수 3장)

....

....

· 길갈에서의 첫 예배(수 4, 5장)

....

....

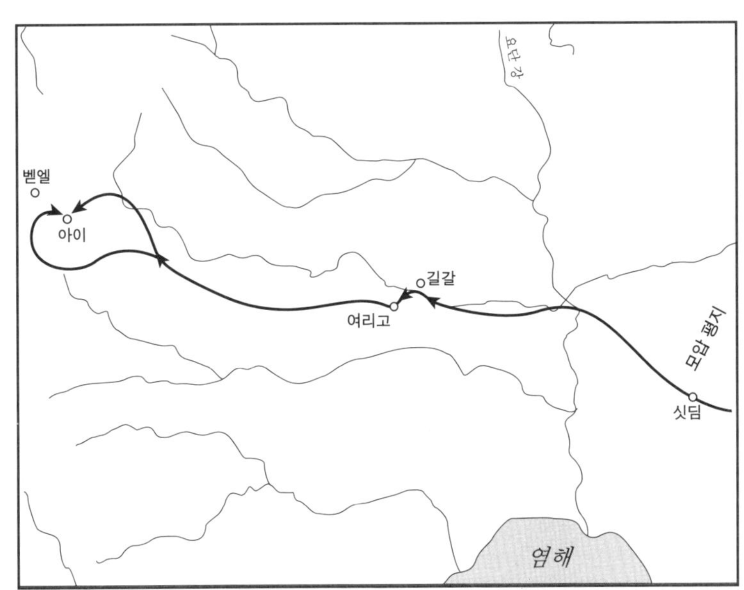

• 가나안 중부 지방의 정복

2. 가나안 중부 지방 정복 수 6-9장

Memo

· 여리고 정복(수 6장)

· 아이에서의 실패와 승리(수 7:1-8:29)

· 세겜에서의 언약식(수 8:30-35)

· 기브온 사람들과의 화친조약(수 9장)

3. 가나안 남부/북부 지방 정복 수 10-12장

· 가나안 남부 연합군과의 전투(수 10장)

Memo

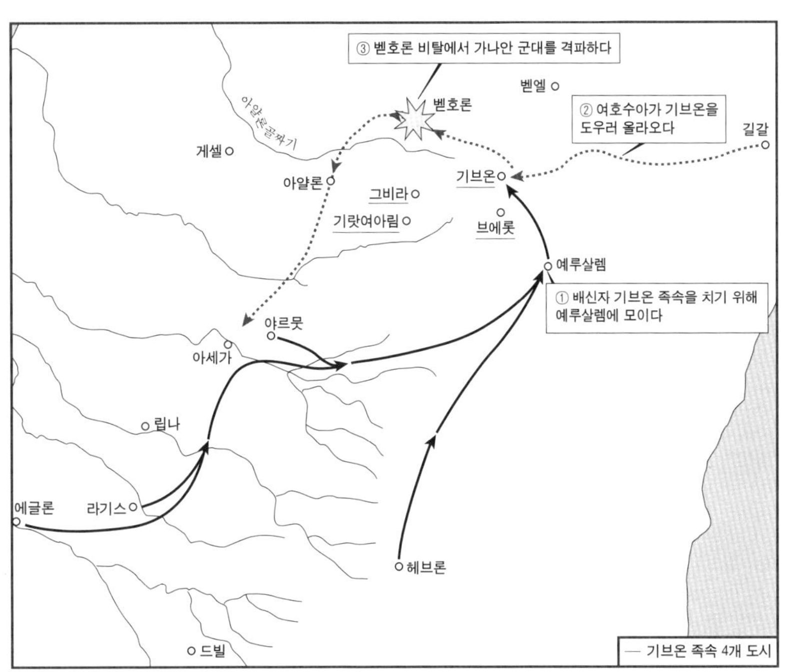

· 가나안 북부 연합군과의 전투(수 11장)

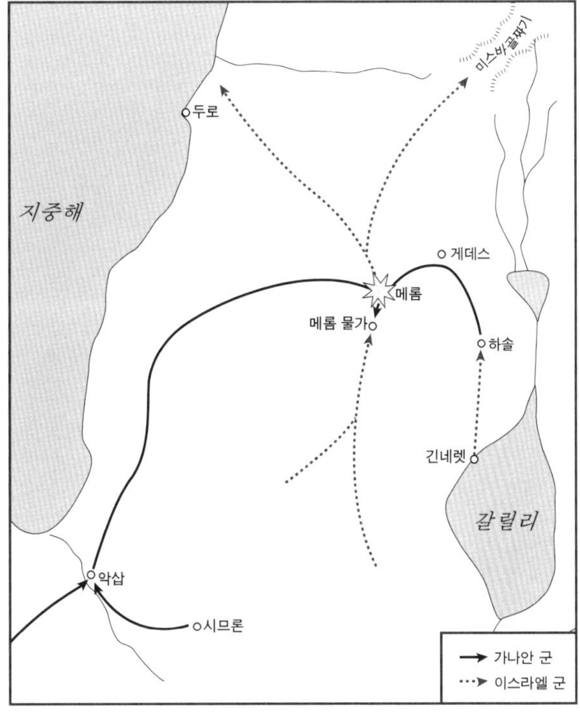

• 가나안 북부 지방 원정

4. 가나안 땅 분배

· 아직 남아 있는 땅(수 13:1-6)

· 요단 동편 분배(수 13:8-33)

· 유다와 요셉 지파 분배(수 14:1-17:13)

· 임시 중단된 땅 분배(수 17:14-18:10)

· 나머지 7지파 분배(수 18:11-19:51)

· 내전 위기를 면함(수 22장)

· 여호수아 고별 메시지(수 24장)

Memo

· 가장 큰 파이를 쥔 에브라임과 유다 지파

Part 05

해양 민족의 침입과 삼파전 시대

철기 시대: 사사 시대

주전 1200-1050년

· 철기 시대의 키워드는 단연 __________의 침입, 근동 질서의 새로운 판이 짜여짐
· 히타이트 제국 멸망, 이집트 제국 시대의 종말, 최대 수혜자는 앗시리아
· 사이 땅 가나안/시리아의 ______년간 이어진 권력의 공백기(주전 1200-900년까지)
· 사이 땅에서는 블레셋/ 이스라엘/ 아람의 삼파전(삼국시대?)

● 그리스: 해양민족의 출현

Memo

· 주전 15-13세기부터 조금씩 고대 근동 질서에 편입됨

· 철기 시대에 '해양민족'으로 등장하며 고대 근동 세계 질서를 재편하는 데 중추적인 역할을 함

· 해양민족으로 출현하기까지 그리스 문명의 발자취

1. 크레타(미노아) 문명

   주전 3000년경, 전설적인 왕 ________ 치세 때 전성기

2. 미케네 문명

   주전 2000년경, 아카이아인들이 남하, 별 충돌 없이 독자 문명을 창조

   가장 강력한 ________ 왕국

   주전 1400년경 크레타 섬을 정복하고 에게 해 일대에 세력 확장(트로이 전쟁)

3. 도리아 문명

   주전 1200년경, 철기를 사용한 도리아인 남하

   사방으로 흩어지는 미케네인들

● 메소포타미아

아나톨리아: 히타이트 제국의 멸망

· 주전 1240년경, 역사상 그렇게 급속하고도 철저하게 붕괴된 강대국은 없음

Memo

HomeWork

* 아람인, 이스라엘 민족의 조상

· 주전 13세기 초 절정에 달한 국력으로 이집트와 패권 다툼, 이후 팽창하는 앗시리아의 기세에 눌림, 마지막 방아쇠는 해양민족의 질풍노도와 같은 침입

앗시리아: 해양민족의 침략으로 인한 최대의 수혜자?

· 지정학적 이점으로 인해 해양민족의 파괴적인 침략에서 벗어남

· 주전 13세기의 전성기를 이끈 영민하고 장수한 세 왕(아닷니라리 1세/살만에셀 1세/투굴티니눌타 1세)

· 투굴티니눌타 1세의 암살로 약화의 1세기, 디글랏빌레셀 1세가 등장하고 부흥하지만 그가 죽고 약화의 2세기로 진입

시리아와 상부 메소포타미아: 아람인의 부상

· 제국들의 통치가 사라진 틈을 이용해 점차 도시 문명 속으로 들어온 아람인들

· 주전 12세기경 비트-아디니/다메섹 등 도시국가 수립

· 주전 10세기경 아람 다메섹/아람 소바/하맛의 패권 시대

바벨론: 카시트 왕조의 몰락

· 400년간 이어진 카시트 왕조가 몰락하고 이신 2왕조 출현

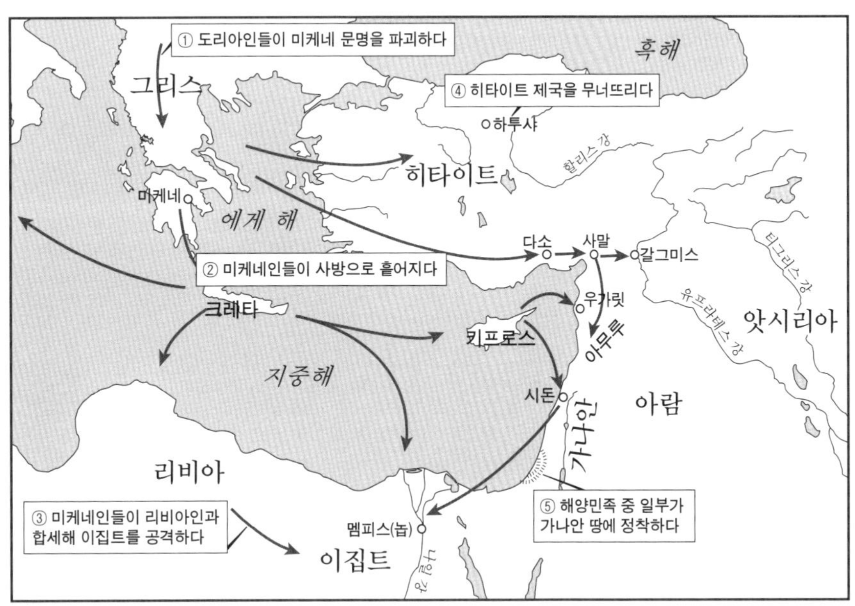

• 해양 민족의 이동

● 이집트

Memo

이집트: 20왕조 주전 1185-1069년 위대한 제국시대의 종말

· 세트나크트(주전 1185-1183년)

· 람세스 3세(주전 1183-1152년): 재위 5-11년 사이에 세 차례 해양민족/리비아인 침공을 막아냄. 펠레셋/트제케르/덴옌/세클레스/웨세스/사르다누/펠레셋(________?), 주전 1190년경 가나안 땅에 정착

· 람세스 4-11세(주전 1152-1069년)

HomeWork

* 사사 시대의 연대기적 문제

메소포타미아의 압박	8년(삿 3:8)
옷니엘의 구원과 안정 시기	40년(삿 3:11)
모압족의 압박	18년(삿 3:14)
에훗의 구원과 안정 시기	80년(삿 3:30)
가나안의 압박	20년(삿 4:3)
드보라와 바락의 구원과 안정 시기	40년(삿 5:31)
아비멜렉의 지배	3년(삿 9:22)
돌라의 감독 시기	22년(삿 10:3)
암몬족의 압박	18년(삿 10:8)
입다의 구원과 안정 시기	6년(삿 12:7)
입산의 감독 시기	7년(삿 12:9)
엘론의 감독 시기	10년(삿 12:11)
압돈의 감독 시기	8년(삿 12:14)
블레셋의 압박	40년(삿 13:1)
삼손의 구원과 안정 시기	20년(삿 15:20)
총	**410년**

Memo

1장: 가나안 백성을 그 땅에서 쫓아내지 못한 이스라엘의 실패
2장: 가나안 백성의 바알 숭배를 받아들인 이스라엘의 패역함
3–16장: 그에 대한 심판으로 주어진 메소포타미아, 모압, 가나안, 미디안, 암몬, 블레셋을 통한 하나님의 징계와 이스라엘 백성의 회개, 하나님이 세우신 사사들을 통한 구원 역사의 지루한 반복
17–21장: 그 시대의 타락상을 보여 주는 레위인을 주인공으로 하는 두 편의 드라마(일명 단 지파 이주 사건, 기브아 첩 사건)

● 사사기의 배경과 구조

· 하나님은 아브라함을 통해 '________'을, 모세를 통해 '________'을, 여호수아를 통해 '________'을 주심, 국가의 기본 골격 완성

· 천신만고 끝에 도착한 약속의 땅에서의 삶은?

· 이스라엘이 왜 하나님이 예비하신 복들을 받지 못했는가에 초점

● 하나님이 원하셨던 최초의 국가 형태는?

· 이 질문은 사사기를 이해하는 핵심 포인트로 우리를 인도함

· 사사 시대는 그저 왕정으로 넘어가기 위한 과도기? 왕정이 하나님이 계획하신 제도?

· 암시와 힌트는? 레위인들에게 땅 분배를 하지 않고 각 지파에 흩어져 살게 하신 하나님

· 눈에 보이는 왕이 아니라 레위인들을 통해 여호와께서 직접 통치하시는 ________

· 레위인들의 직무 유기

· 사사기의 원래 제목은 〈____________〉

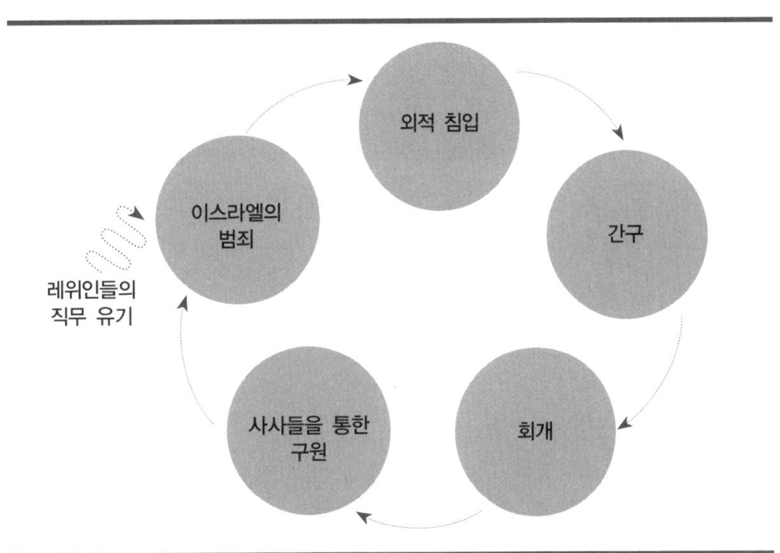

● 사사기의 숨겨진 주제: 과연 이스라엘의 왕은 누구인가?

"그때에는 이스라엘에 왕이 없으므로 사람마다 자기 소견에 옳은 대로 행하였더라" (삿 17:6; 21:25)

"이스라엘의 참된 왕은 여호와 하나님이시다. 하나님은 각 지파에 흩어진 레위인들을 통해 자신이 직접 이스라엘의 왕으로 통치하기를 원하셨다. 하지만 이스라엘 백성들은 왕되신 여호와 하나님의 통치를 거부하며 각자 자기 소견에 옳은 대로 행하기를 반복했다."

● 레위인을 주인공으로 하는 두 편의 드라마 삿 17-21장

· 사사기 구성에서는 뒷 부분에 위치, 하지만 연대기적으로는 사사 시대 초기의 사건

1. 단 지파 이주 스토리는 여호수아서에도 기록됨(수 19:47), 여호수아서는 라합이 살아 있는 동안 쓰여짐(수 6:25)
2. 여호수아 정복 시기와 그 이전부터 활동한 비느하스, 기브아 첩 사건 당시 대제사장은 비느하스(삿 20:28)

Memo

시험1: 기드온 시대(합격)

시험2: 아비멜렉 시대(불합격)

시험3: 입다 시대(불합격)

Memo

1. 단 지파 이주 사건 삿 17, 18장

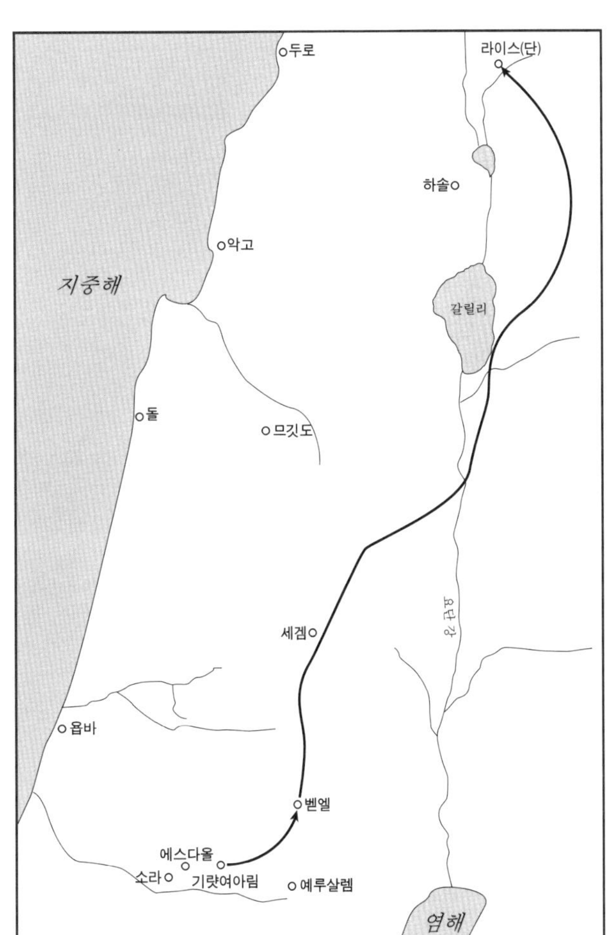

• 단 지파의 이주

2. 기브아 첩 사건 삿 19-21장

Memo

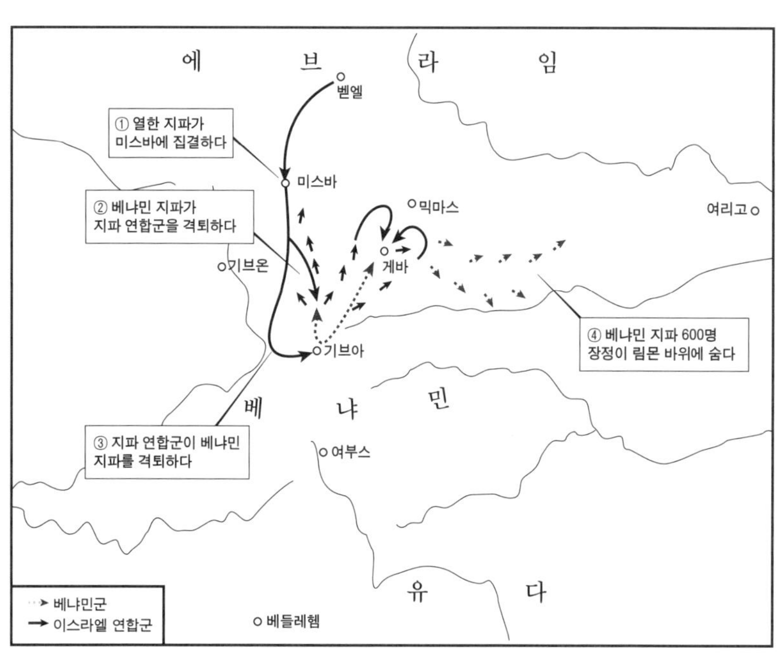

Memo

● 열두 사사들의 활동 삿 3-16장

	사사	사건	참고 구절
01	옷니엘	메소포타미아	3:7-11
02	에훗	모압	3:12-30
03	삼갈		3:31
04	드보라와 바락	가나안	4-5장
05	기드온	미디안	6-8장
06	돌라		10:1-2
07	야일		10:3-5
08	입다	암몬	11:1-12:7
09	입산		12:8-10
10	엘론		12:11-12
11	압돈		12:13-15
12	삼손	블레셋	13-16장

옷니엘의 전쟁 삿 3:7-11

에훗의 전쟁 삿 3:12-30

Memo

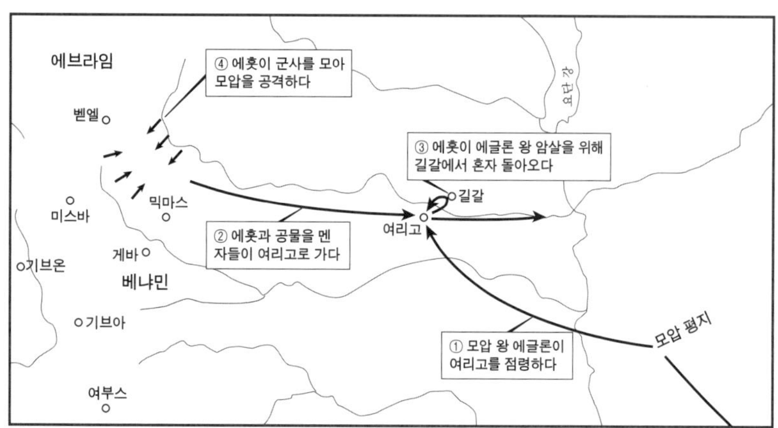

• 모압의 침공과 에훗의 반격

Memo

드보라-바락의 전쟁 삿 4, 5장

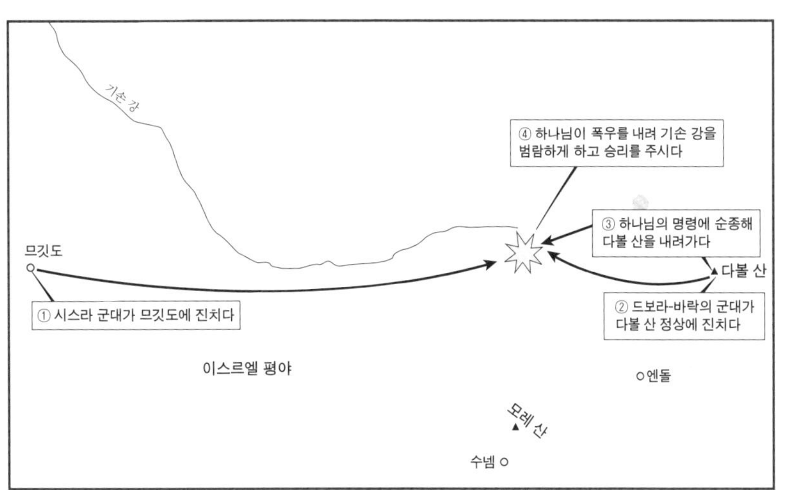

• 이스르엘 평야를 사이에 두고 싸우는 시스라와 이스라엘

기드온의 전쟁 삿 6-8장

Memo

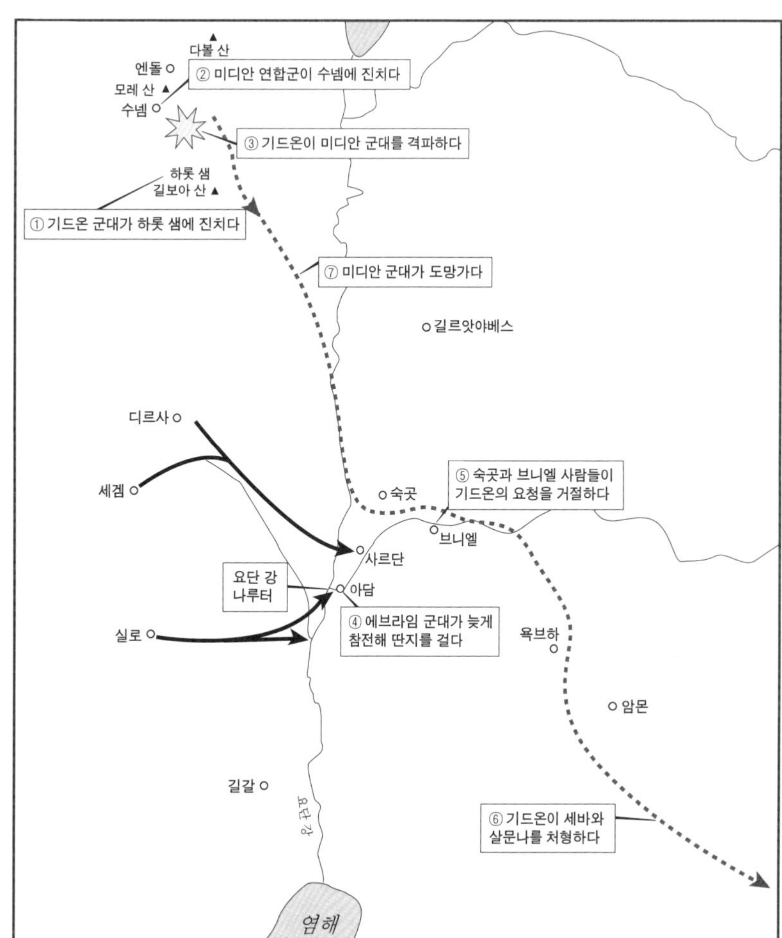
다볼 산
엔돌
② 미디안 연합군이 수넴에 진치다
모레 산
수넴
③ 기드온이 미디안 군대를 격파하다
하롯 샘
길보아 산
① 기드온 군대가 하롯 샘에 진치다
⑦ 미디안 군대가 도망가다
길르앗야베스
디르사
세겜
숙곳
⑤ 숙곳과 브니엘 사람들이 기드온의 요청을 거절하다
브니엘
사르단
요단 강 나루터
아담
④ 에브라임 군대가 늦게 참전해 딴지를 걸다
실로
욕브하
암몬
길갈
⑥ 기드온이 세바와 살문나를 처형하다
염해

• 기드온의 전쟁

Memo

· 아비멜렉과 시스라, 가장 비참하고 수치스런 죽음

아비멜렉 왕국 삿 9, 10장

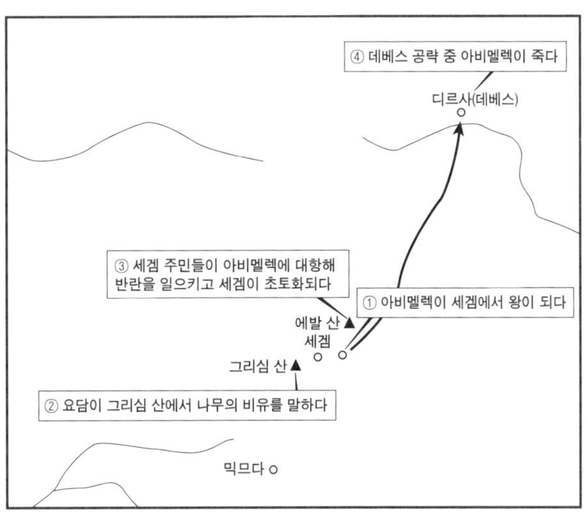

· 아비멜렉 왕국

입다의 전쟁 삿 11, 12장

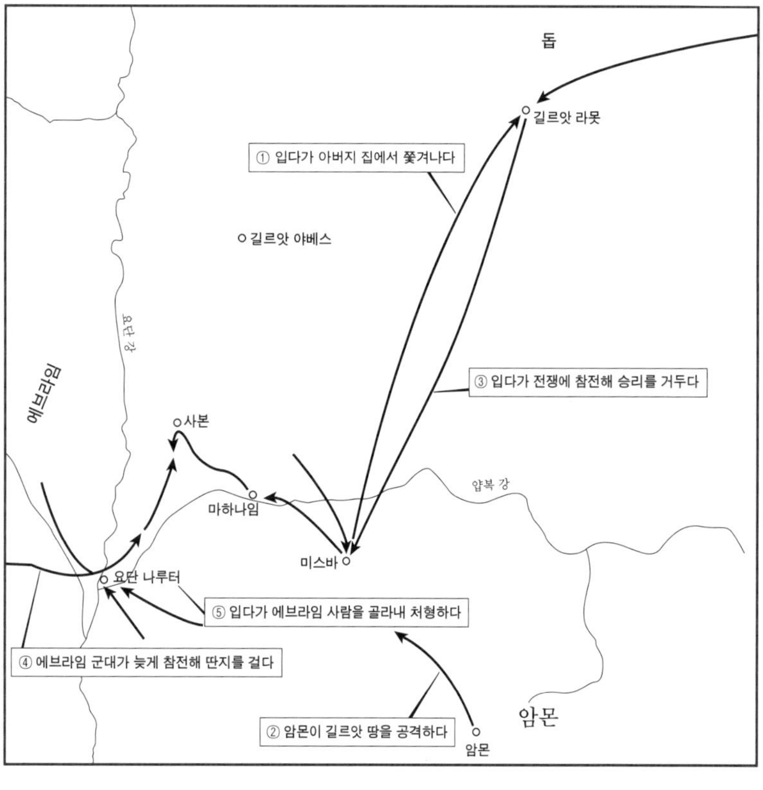

Memo

· 에브라임 지파는 딴지 걸기의 달인(?)

· 입다의 전쟁

Memo

· 삼손, 수수께끼 같은 인물

삼손의 전쟁 삿 13-16장

② 삼손이 딤나로 가다가 내려 블레셋 여인에게 반하다
딤나
에스다올
① 삼손이 출생하다
소라
블레셋
소렉 골짜기
유다
벧세메스
유다와 블레셋 사이의 경계

· 삼손의 행적 1

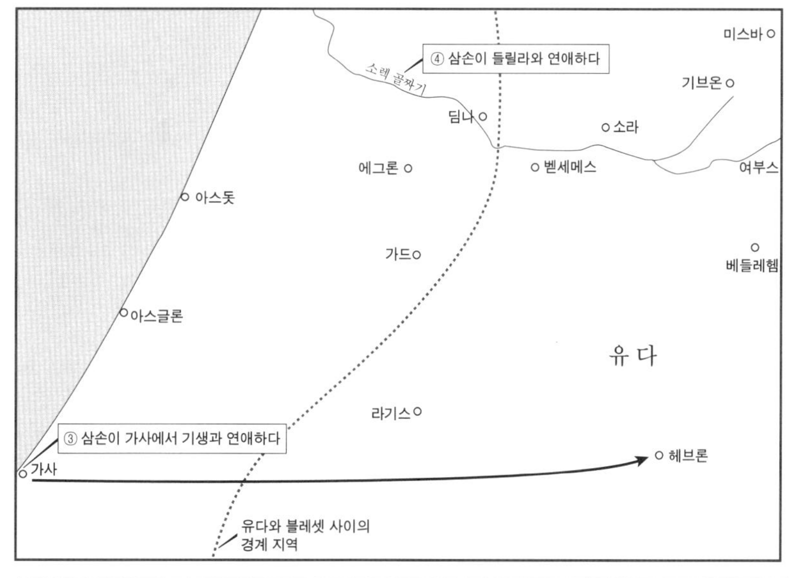

· 삼손의 행적 2

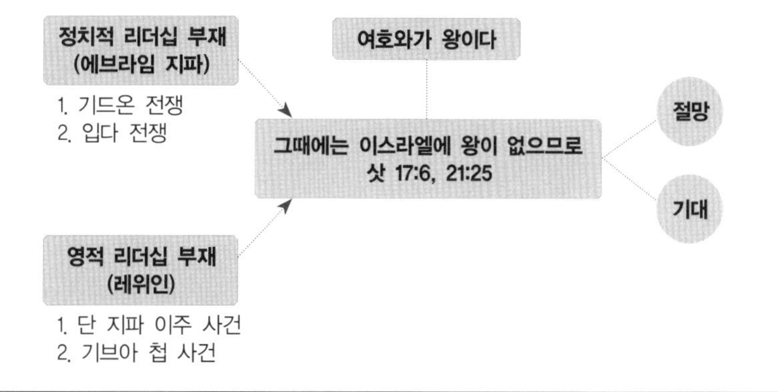

ASIA
AFRICA

Part
06

이스라엘의 찬란한 영광

신정 체제에서 왕정 체제로: 통일왕국 시대

주전 1050-931년

· 혼돈, 무질서, 불순종, 우상숭배를 특징으로 하는 사사 시대를 지나 사울/다윗/솔로몬으로 넘어가는 왕정 시대
· 사무엘 상 · 하, 왕상 1-11장, 대상 8-29장, 대하 1-9장
· 사무엘/사울/다윗/솔로몬, 즉 인물 중심으로 다룸

● 메소포타미아

Memo

신히타이트 도시국가들: 히타이트 신왕국들의 연결점이 된 갈그미스

· 주전 1240년 멸망 후 우후죽순 생겨난 도시국가들, 갈그미스가 연결점 역할

· 쿠에/킬라쿠/멜리드 등 다양한 국가의 경쟁 시대

페니키아의 도시국가들: 지중해 해상무역과 알파벳 전수

· 주전 1200년경 파괴에서 면한 페니키아의 도시국가들, 지중해를 무대로 해상무역

· 알파벳의 보급

· 페니키아의 상선

아람국가들: 반유랑생활을 접고 도시 문명 속으로

· 비트-자마니, 비트-바키아니, 비트-아디니, 비트-아구시 등 아람 국가들 출현

· 주전 9세기경 아람 다메섹을 중심으로 강력한 국가가 됨

앗시리아: 기나긴 침체의 터널 속으로

· 디글랏빌레셀 1세(주전 1116-1078년) 치세에서 소생하던 앗시리아는 그가 죽고 주전 9세기 앗수르나시르팔 2세 등장까지 긴 침체의 터널 속에 들어감

바벨론: 극도의 혼란기

· 주전 1026년경 이신 2왕조가 무너지고 제2해상국 왕조, 바지 왕조, 엘람 왕조 등이 우후죽순 이어짐

Memo

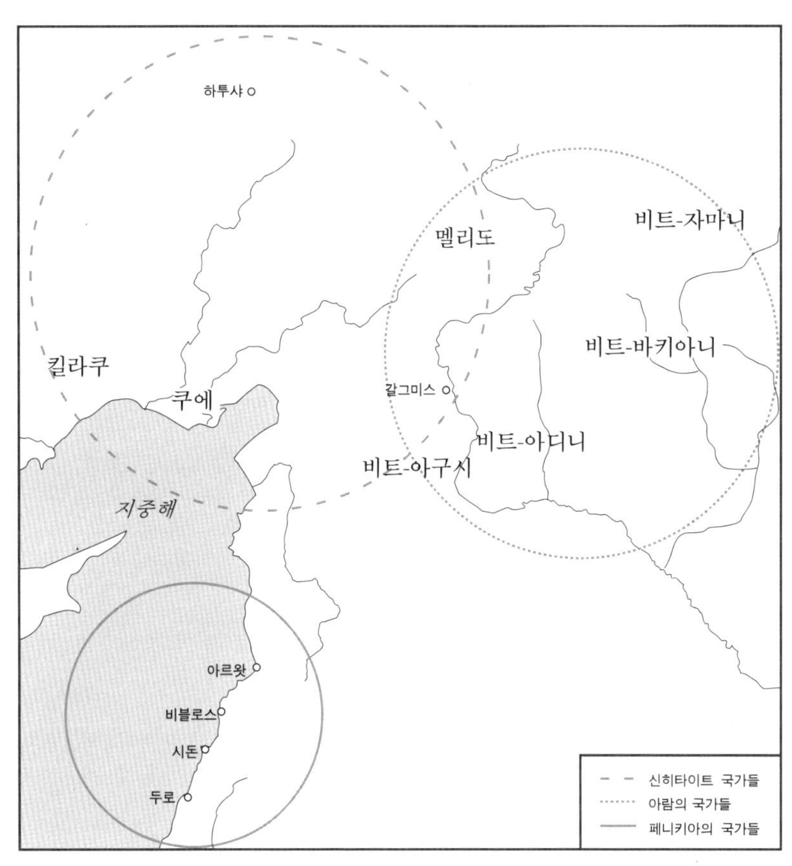

● 이집트: 분열과 혼란의 시대

21왕조 주전 1069-946년: 하부 이집트만의 반쪽짜리 왕조

· 주전 1069년 _____을 중심으로 스멘데스가 하부 이집트만의 21왕조 창건

· 21왕조의 이집트

Memo

● 암울한 사사 시대를 반전시킬 두 편의 드라마

1. 한나: 마지막 사사이자 선지자인 사무엘의 어머니 삼상 1-3장

· 성막에 올라가 기도한 한나 & 자기 집에 신상을 만들고 아들을 제사장 삼은 미가의 엄마

· 하나님이 시작하신 새 시대의 출발점은 여인의 애통하는 기도

· 영적으로 혼탁한 성막에서도 하나님의 음성을 들으며 자라나는 사무엘, 훗날 ________를 빼앗기고 성소가 파괴된 상황에서 영적 리더십 발휘

2. 룻: 다윗을 탄생시킨 위대한 브릿지 룻 1-4장

· 다윗의 증조할머니, 살몬(라합)-보아스(룻)-오벳-이새-다윗

· '빵집' 베들레헴에 닥친 기근(영적/육적으로 몰락하는 사사 시대에 대한 상징)

· 가장 엘리멜렉과 두 아들(말론/기룐)이 죽고 알거지로 고향에 돌아옴

· 오르바는 모압에 남고 룻은 생면부지의 땅으로 향함

· 보아스란 유력한 친족을 통한 위대한 반전(멸망으로 치달을 것 같던 사사 시대에도 소망의 끈을 놓치 않는 하나님의 손길)

· 룻을 위대한 브릿지로 탄생하는 다윗, 훗날 ____________ 속박에서 이스라엘을 구원하고 찬란한 다윗 제국을 탄생시키는 주인공이 됨

Memo

● 사무엘 삼상 4-8장

아벡/에벤에셀 전투 삼상 4장: 블레셋과의 1차 전면전

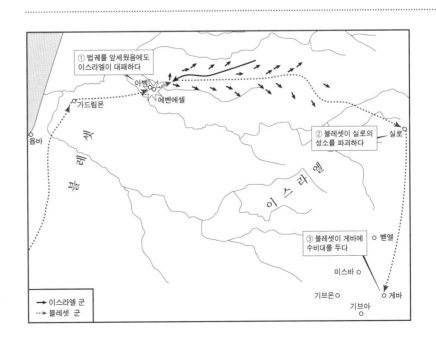

· 아벡 전투의 여파 세 가지
1. 중앙 성소인 실로의 파괴 (렘 7:12)
2. 게바에 블레셋 수비대 설치
3. 블레셋의 철 생산 독점 (이스라엘의 무장해제)

· 아벡 전투

법궤의 이동 삼상 5:1–7:2

지중해
아벡
에벤에셀
실로
욥바
네게브
이스라엘
블레셋
유다와 블레셋 사이의
경계 지역
언약궤가 다윗 때까지
기랏여아림에 보관되다
기랏여아림
에그론
여부스
아스돗
벧세메스
유 다
가드
→ 언약궤의 진로

Memo

· 암소가 벧세메스로 향하게 될 확률은 몇 대 몇?

· 에브라임에서 유다로 옮겨진 법궤

"실로의 성막 곧 인간에 세우신 장막을 떠나시고… 또 요셉의 장막을 싫어 버리시며 에브라임 지파를 택하지 아니하시고 오직 유다 지파와 그 사랑하시는 시온 산을 택하시고"

시편 78:60, 67, 68

· **법궤의 이동**

Memo

사무엘의 부흥운동과 미스바 전투 삼상 7:3-17

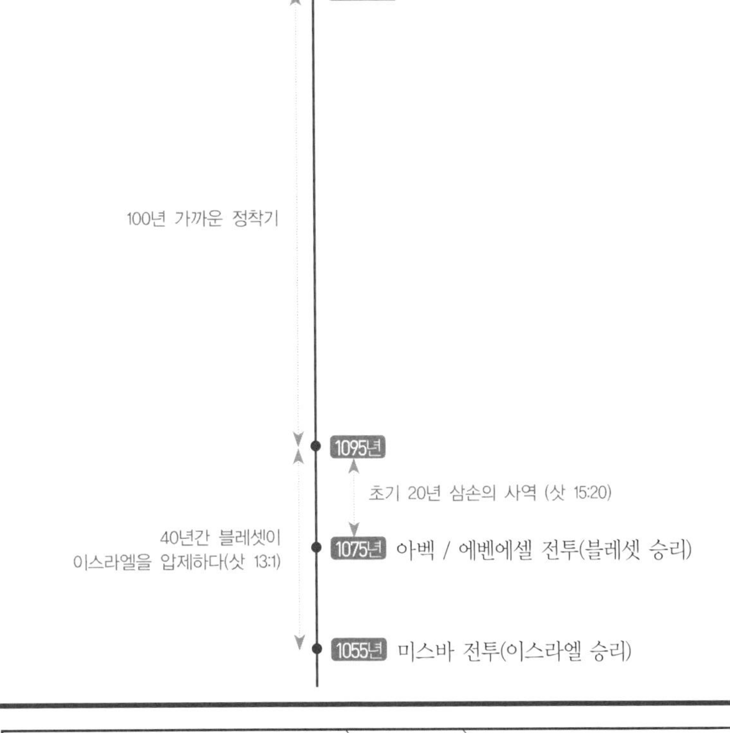

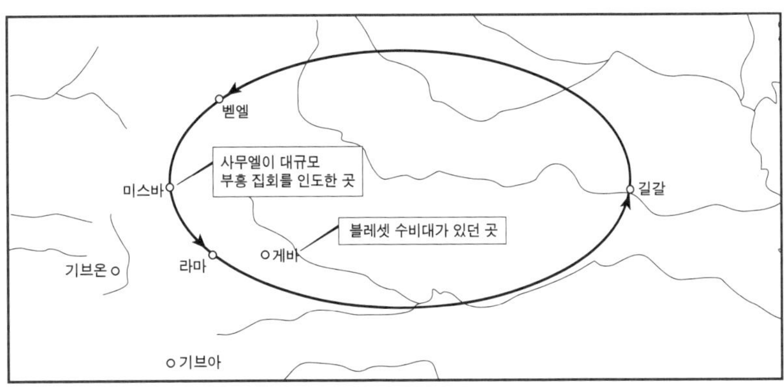

• 사무엘의 순회 부흥회

왕정으로 향하는 급행열차를 타다 삼상 8:1-22

Memo

· 성경을 사극 드라마처럼 보기

Memo

● 사울 삼상 9-31장, 주전 1050-1010년

1. 이스라엘의 초대 왕이 된 사울 삼상 9-12장

라마에서 기름부음 받은 사울 삼상9:1-10:16

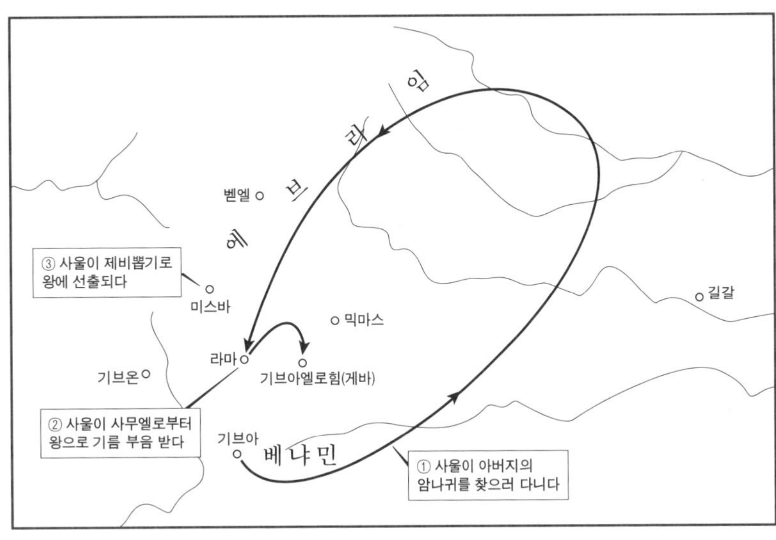

· 왕을 선출하는 순간의 미묘한 분위기를 느껴 보자!

미스바에서 제비뽑기로 왕이 된 사울 삼상 10:17-27

길갈에서 왕으로 옹립된 사울 삼상 11:1-15: 길르앗 야베스 전투

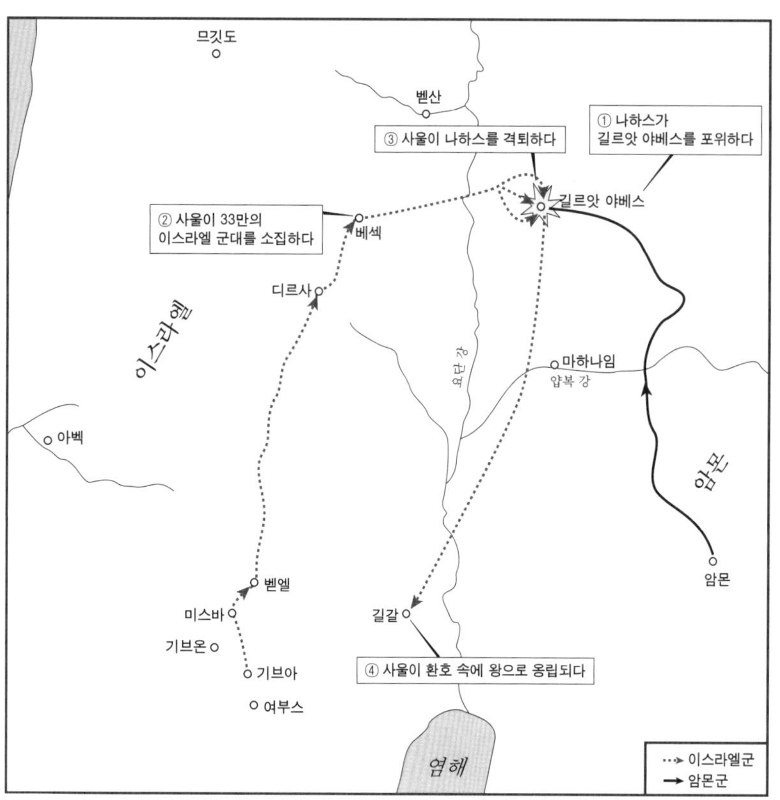

- 길르앗 야베스 전투

....

....

....

....

....

사무엘의 퇴임식과 고별사 삼상 12장

....

....

....

....

....

Memo

- 왜 길갈에서 왕위 등극식을?

- 사울은 왜 길르앗 야베스를 구원하러 갔을까?

Memo

· 유다는 왜 별도로 계수했을까?

· 사울 왕국은 무늬만 왕국?

2. 배척받은 사울 삼상 13-15장

첫 번째 배척: 믹마스 전투 삼상 13,14장

· 1단계: 게바 포위 작전(삼상 13:1-23)

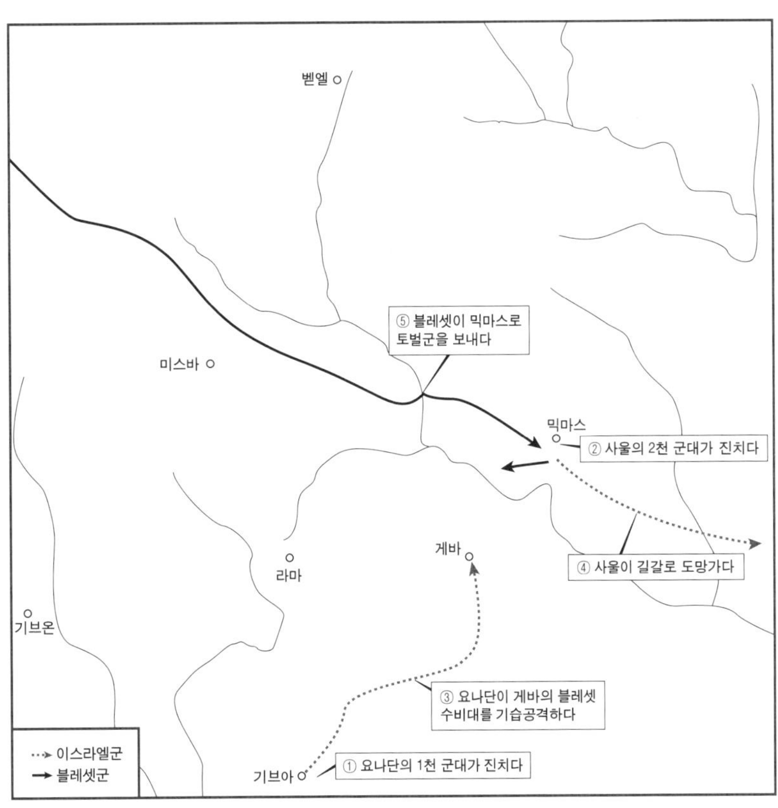

• 게바 포위 작전

· 2단계: 믹마스 전투(삼상 14장)

일단 나부터 살고보자!
아버지...
? ?
?
?

④ 사울이 블레셋군을 추격하다
믹마스
블레셋 진
③ 길갈에 있던 사울이 올라오다
② 블레셋 진영에 자중지란이 일어나다
세네
보세스
게바
이스라엘 진
① 요나단이 블레셋 군대를 기습하다
이스라엘군
블레셋군

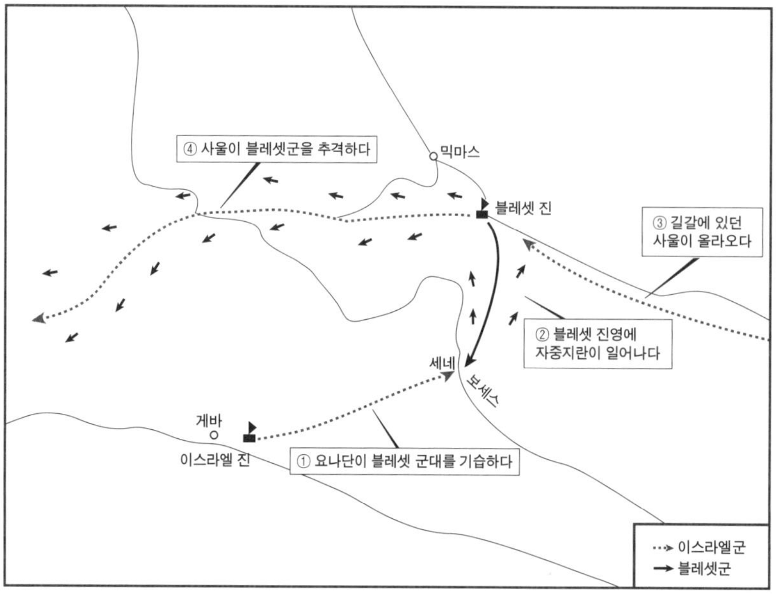

두 번째 배척: 아말렉 전투 삼상 15장

Memo

· 비정한 아버지 사울
· 제1부

· 제2부

· 제3부

• 믹마스 전투

Memo

3. 지는 별 사울 & 뜨는 별 다윗 삼상 16–20장

악신에 시달리는 사울 & 기름부음 받은 다윗 삼상 16장

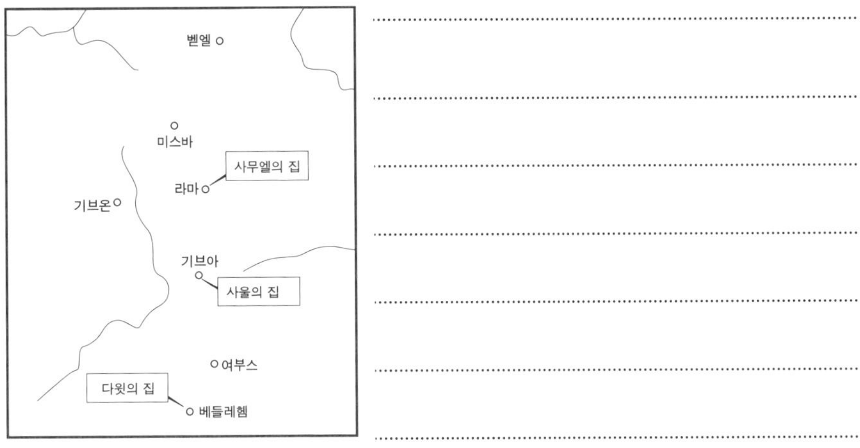

승승장구하는 다윗 삼상 17장: 엘라 골짜기 전투

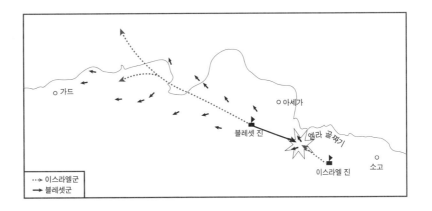

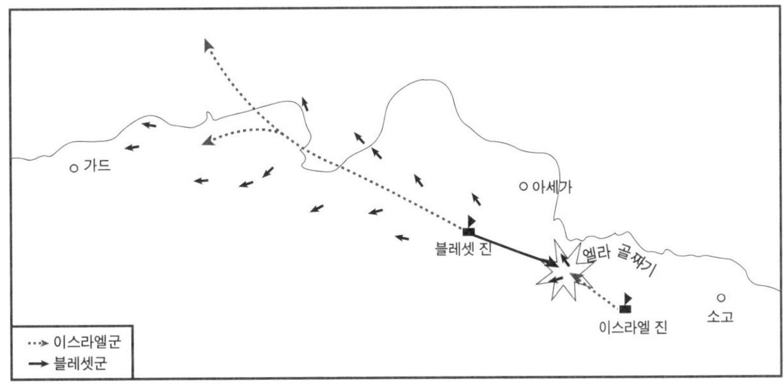

• 엘라 골짜기 전투

Memo

날개 없이 추락하는 사울 삼상 18-20장

4. 기약 없는 도망자 다윗 삼상 21-27장

· 기브아(삼상 19:11-17):

· 라마(삼상 19:18-20:42):

· 놉(삼상 21:1-9):

· 가드(삼상 21:10-15):

· 아둘람(삼상 22:1-2):

· 모압(삼상 22:3):

· 요새(삼상 22:4-23):

· 그일라(삼상 23:1-12):

· 십 광야(삼상 23:13-23):

Memo

· 마온 광야(삼상 23:23-28):

· 엔게디 요새(삼상 23:29-24:22):

· 갈멜(삼상 25:1-44):

· 십 광야(삼상 26:1-25):

· 가드 왕 아기스의 충신이 된 다윗, 그는 매국노인가?

· 가드(삼상 27:1-5):

· 시글락(삼상 27:6-12):

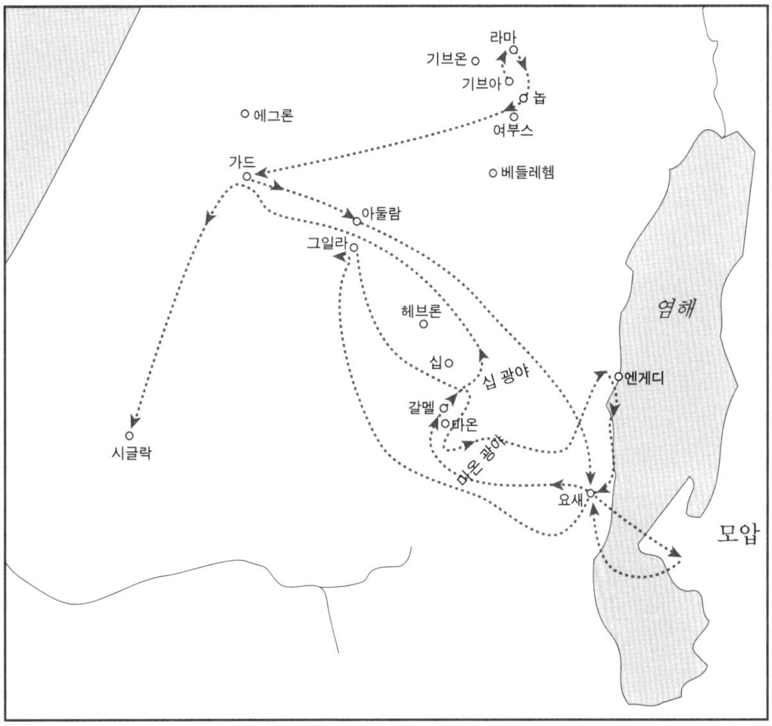

· 다윗의 망명 루트

5. 사울의 최후 삼상 28-31장: 길보아 전투-블레셋과의 2차 전면전

아벡에 모인 블레셋 왕들의 참모회의 삼상 29:1-11

시글락으로 돌아온 다윗 삼상 30:1-31

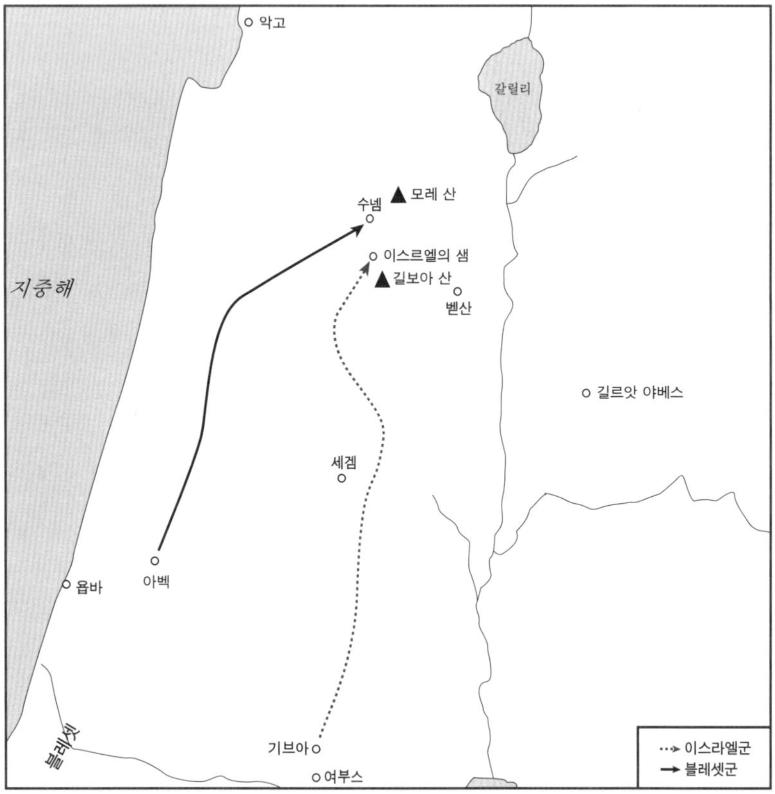

Memo

· 다윗을 죽이려고 한 추종자들, 흔히 보는 하극상인가?

· 이스라엘군과 블레셋군이 진 치다

Memo

· 길보아 전투, 누가 봐도 이스라엘의 패배가 분명한 전투

"어찌하여 왕이 여호와의 목소리를 청종하지 아니하고 탈취하기에만 급하여 여호와께서 악하게 여기시는 일을 행하였나이까"

삼상 15:19

전투 전야의 상황, 엔돌의 신접한 여인을 찾은 사울 삼상 28:3-25

길보아 전투 삼상 31:1-13

· 길보아 전투

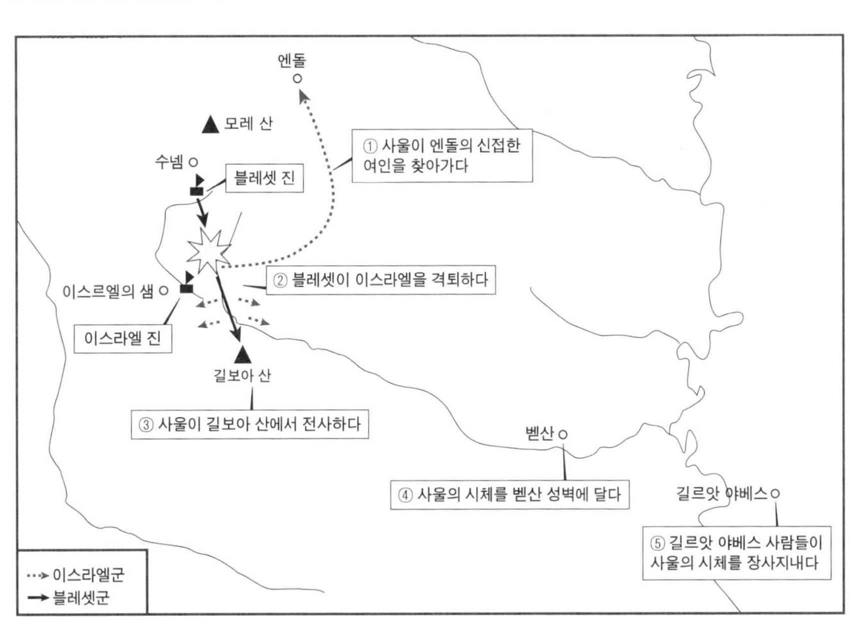

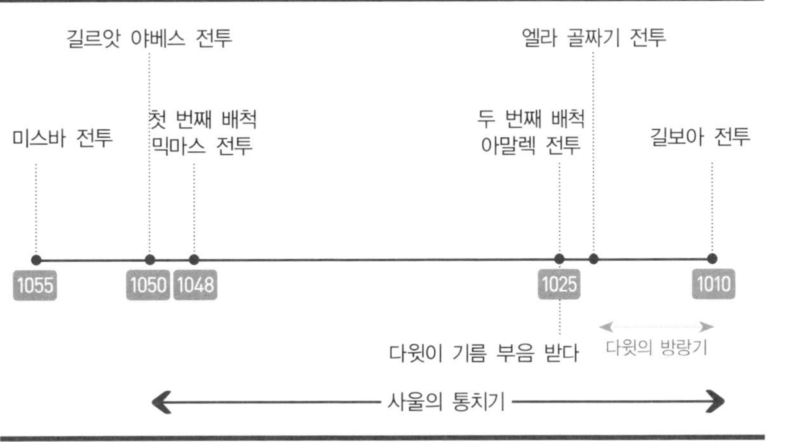

● 다윗 삼하 1-24장, 주전 1010-970년

1. 다윗과 이스보셋 왕국 삼하 1-4장: 1차 분열왕국 시대

헤브론의 다윗 왕국 삼하1:1-2:7

마하나임의 이스보셋 왕국 삼하 2:8-10

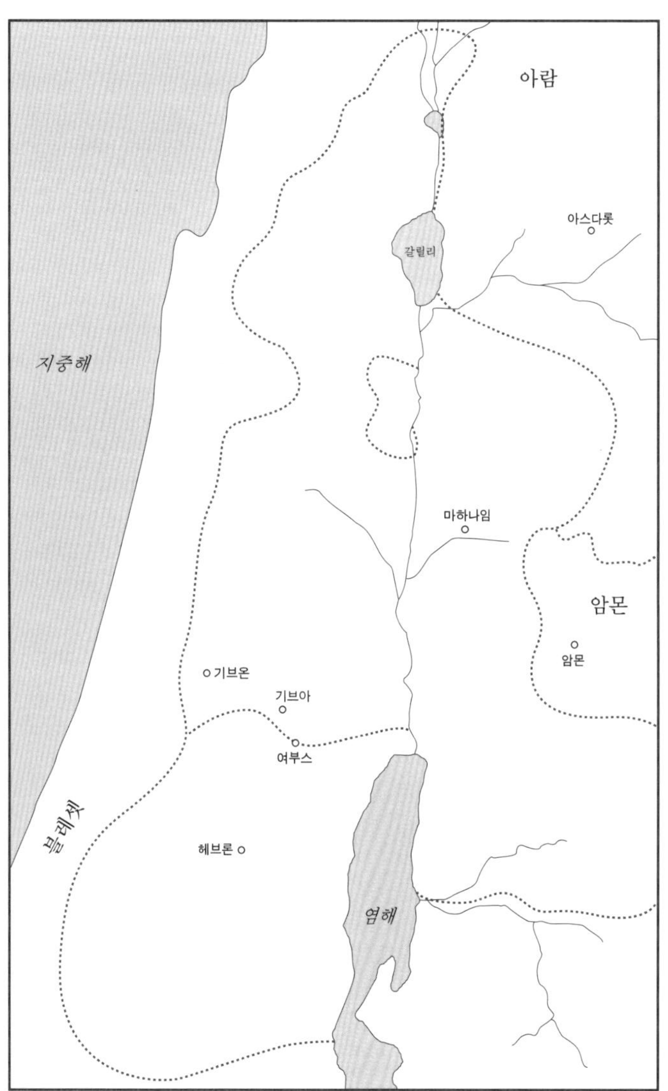

Memo

· 블레셋은 왜 헤브론의 다윗을 용인했을까?

• 다윗과 이스보셋 왕국

Memo

흥하는 다윗 왕국 & 쇠하는 이스보셋 왕국 삼하 2:12-4:12

· 기브온 못가 전투(삼하 2:12-32)

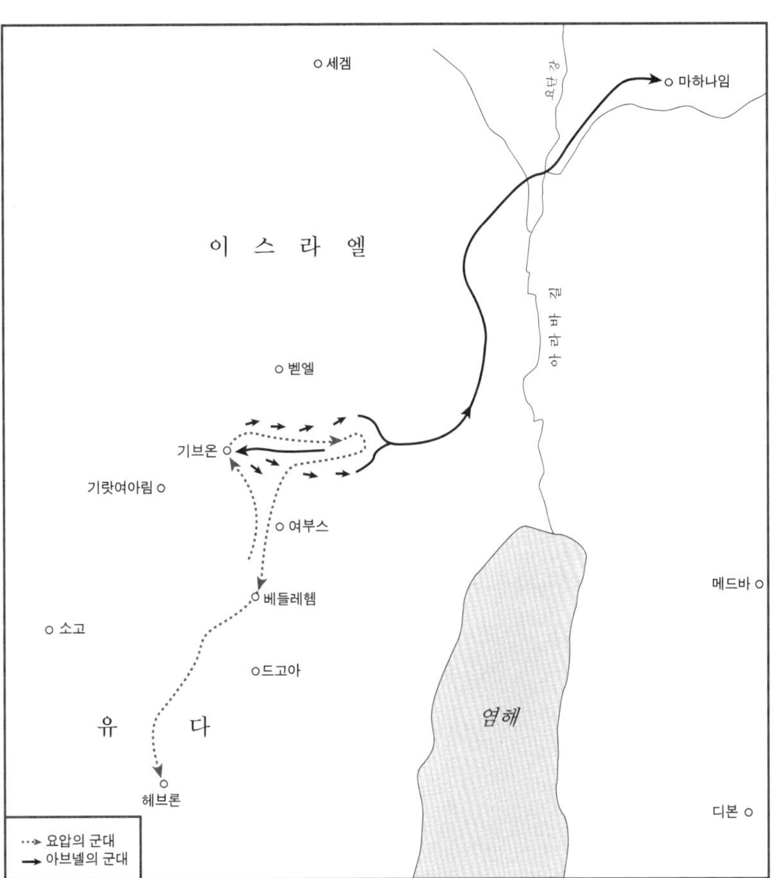

· 기브온 못가 전투

· 강성해지는 다윗(삼하 3:1-39)

· 암살당한 이스보셋(삼하 4:1-12)

2. 통일 이스라엘 왕국을 세운 다윗 삼하 5-7장

온 이스라엘의 왕이 된 다윗 삼하 5:1-5

통일 이스라엘의 수도가 된 예루살렘 삼하 5:6-12

블레셋과의 두 차례 전쟁 삼하 5:17-25: 르바임 골짜기 전투

법궤를 다윗성으로 옮기다 삼하 6:1-7:29

Memo

· 르바임 골짜기 전투는 인천 상륙작전(?)

Memo

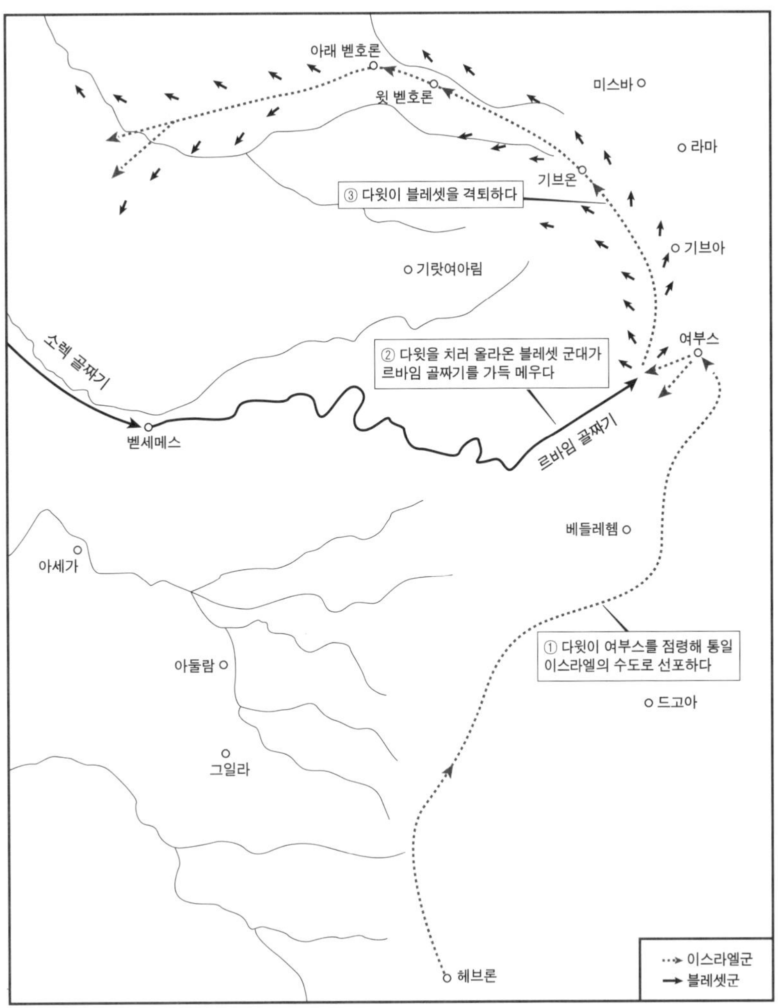
아래 벧호론
윗 벧호론
미스바
라마
기브온
③ 다윗이 블레셋을 격퇴하다
기브아
기럇여아림
소렉 골짜기
② 다윗을 치러 올라온 블레셋 군대가 르바임 골짜기를 가득 메우다
여부스
벧세메스
르바임 골짜기
베들레헴
아세가
① 다윗이 여부스를 점령해 통일 이스라엘의 수도로 선포하다
아둘람
드고아
그일라
헤브론
이스라엘군
블레셋군

• 르바임 골짜기 전투

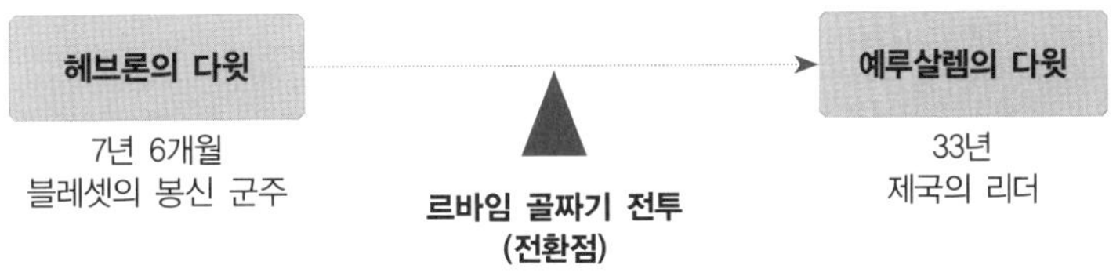
헤브론의 다윗
7년 6개월
블레셋의 봉신 군주
르바임 골짜기 전투
(전환점)
예루살렘의 다윗
33년
제국의 리더

Memo

3. 정복전쟁을 통한 다윗 제국의 탄생 삼하 8-12장

모압과 에돔 정복

아람(다메섹/소바/하맛) 정복

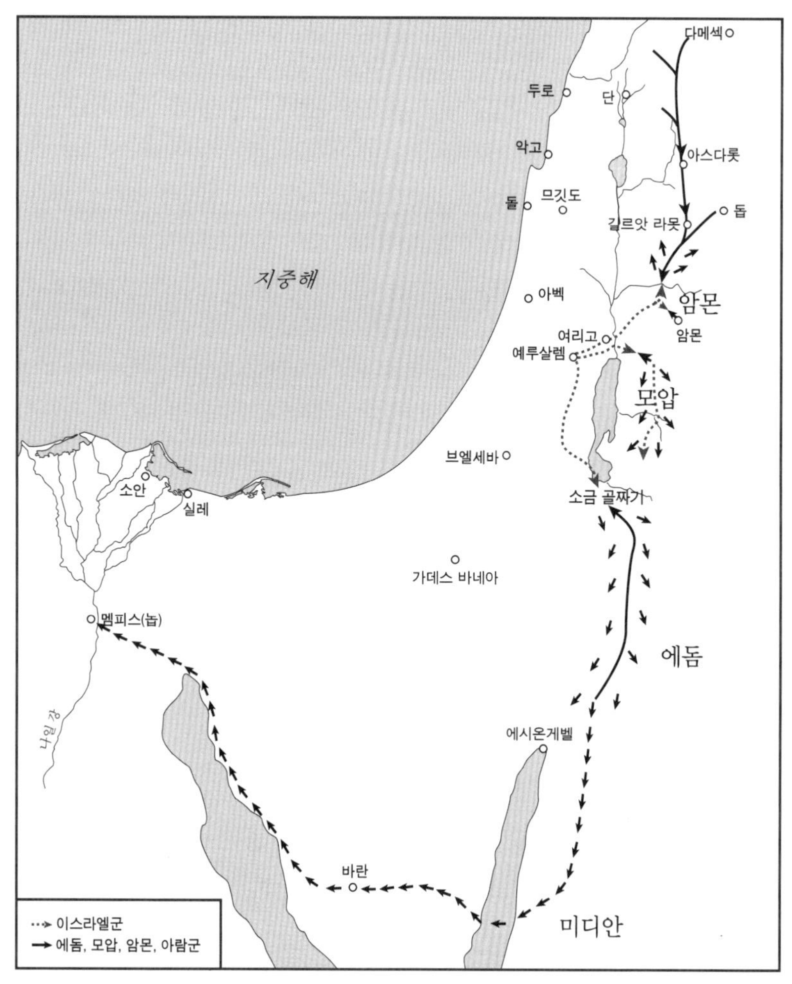

• 다윗의 정복 전쟁

Memo

암몬 정복

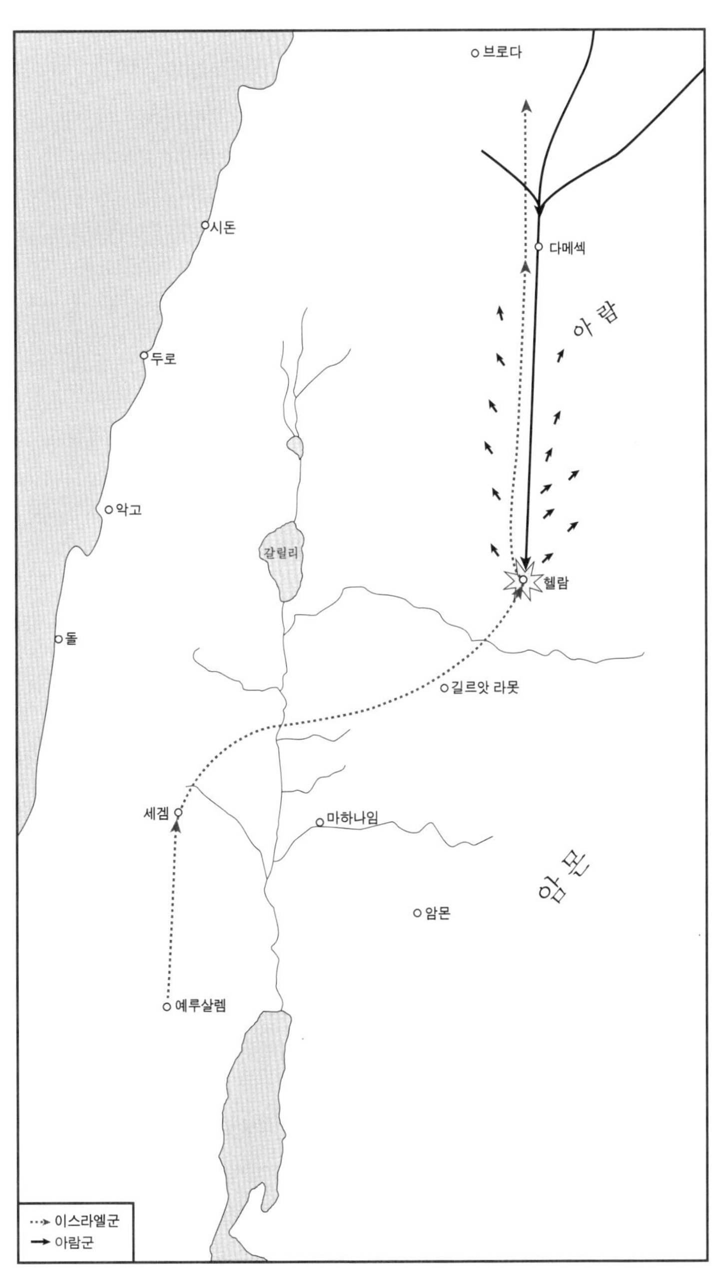

• 암몬을 도우러 온 아람군을 격퇴한 다윗

4. 다윗의 말년 삼하 13-20장

압살롬의 쿠데타 삼하 13-19장

Memo

· 압살롬 쿠데타의 성격: 압살롬은 어떻게 손쉽게 민심을 얻을 수 있었을까?

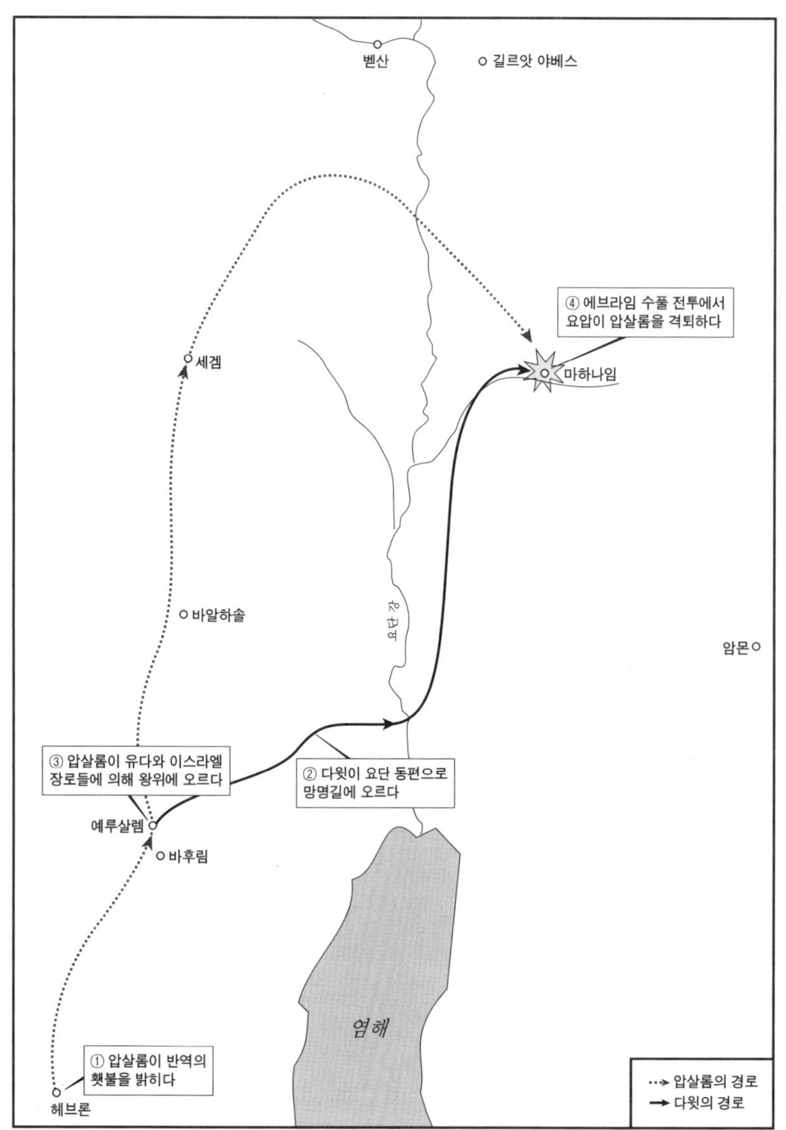
벧산
길르앗 야베스
④ 에브라임 수풀 전투에서 요압이 압살롬을 격퇴하다
세겜
마하나임
바알하솔
암몬
③ 압살롬이 유다와 이스라엘 장로들에 의해 왕위에 오르다
② 다윗이 요단 동편으로 망명길에 오르다
예루살렘
바후림
염해
① 압살롬이 반역의 횃불을 밝히다
헤브론
압살롬의 경로
다윗의 경로

· 압살롬의 반역

Memo

세바의 반란 삼하 20장

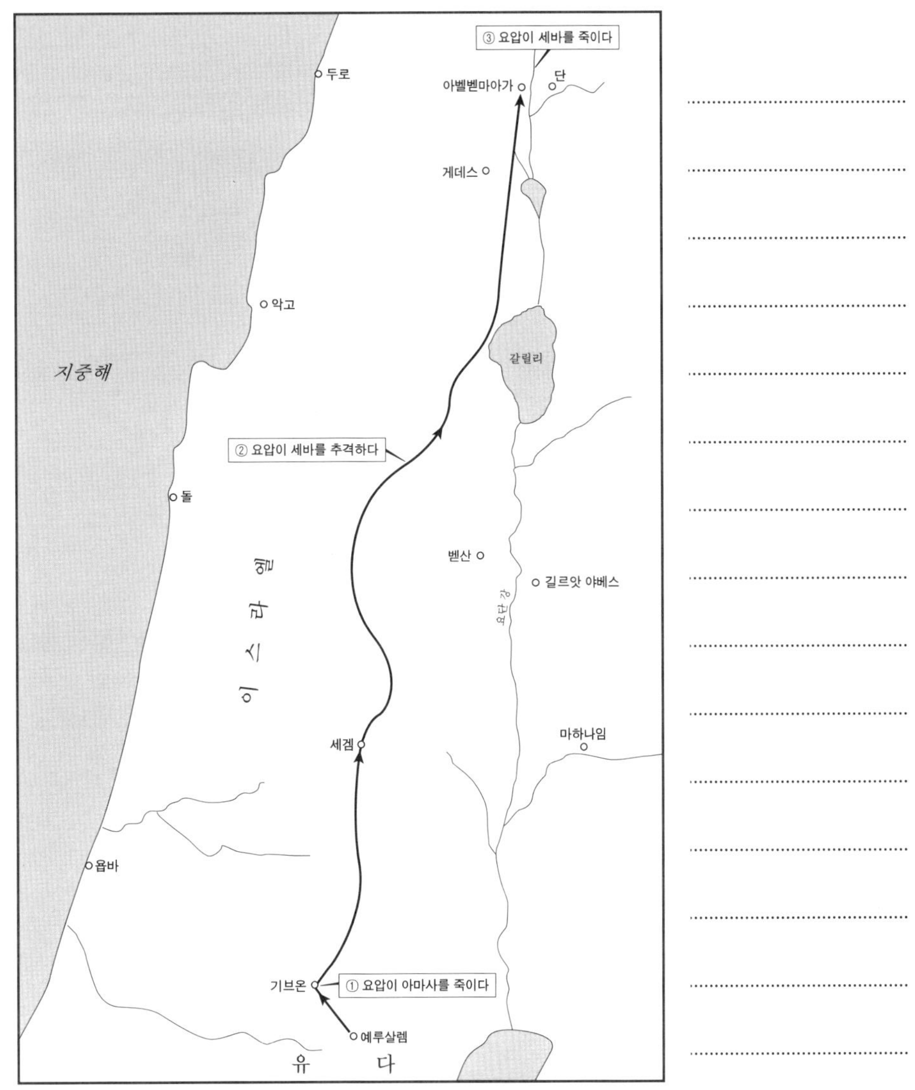

• 세바의 반란

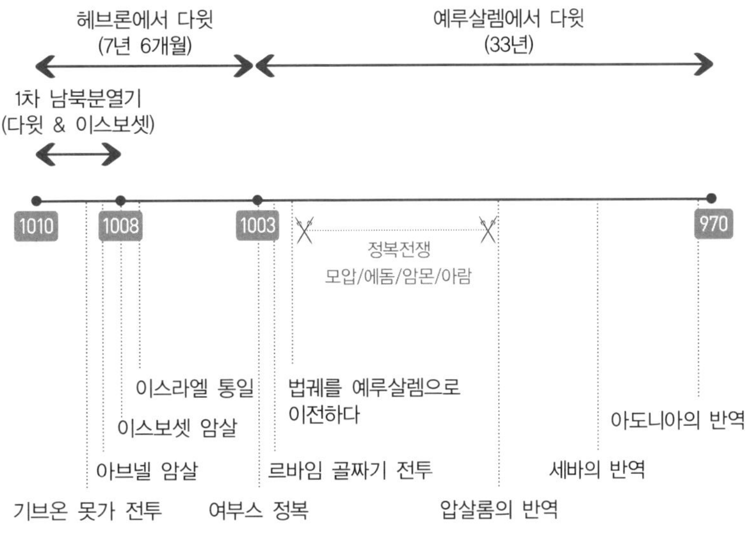

Memo

● 솔로몬 왕상 1-11장, 주전 970-931년

1. 솔로몬의 즉위 왕상 1-3장

아도니야의 반역과 피의 숙청 왕상 1, 2장

솔로몬의 지혜 왕상 3장

Memo

2. 솔로몬 왕국의 이모저모 왕상 4-10장

솔로몬 치하의 행정구역 왕상 4:7-19

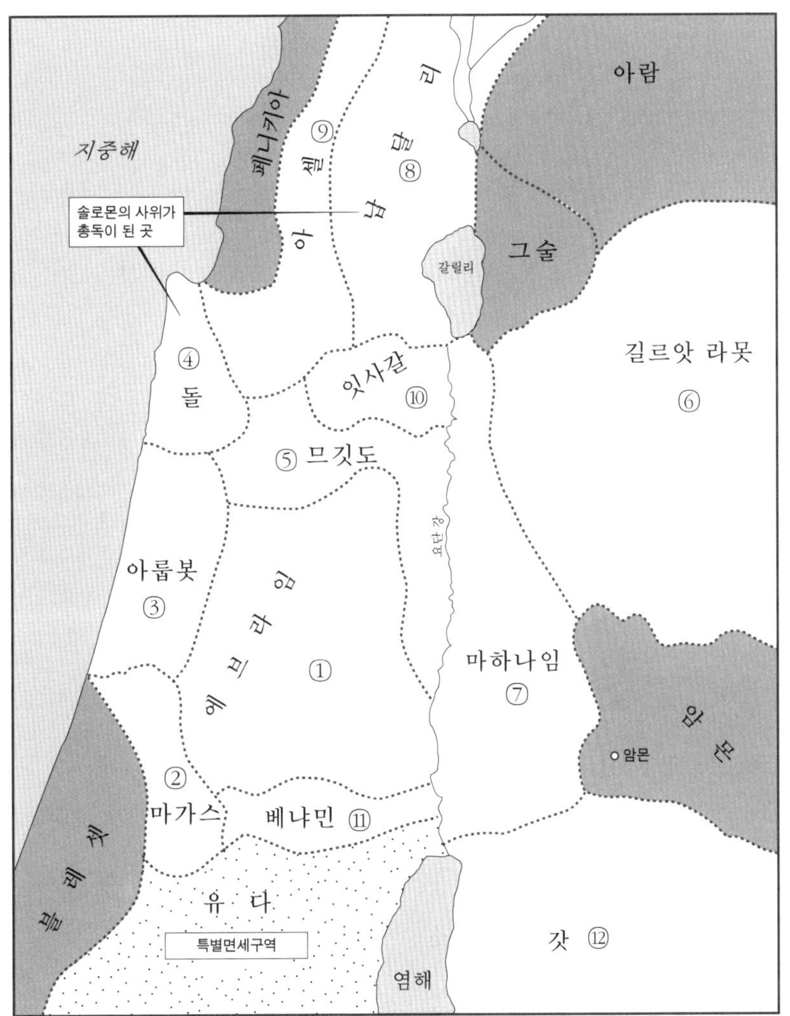

• 세금을 징수하려고 나눈 12개의 군

솔로몬 치하의 교역

쿠에
말
지중해
두로
목재
욥바
병거
이집트
다드몰
다메섹
유프라테스 강
티그리스 강
곡물 · 기름
예루살렘
에시온게벨
원숭이, 앵무새, 금,
상아, 백단, 값진 돌들
향 기름, 금,
값진 돌들, 향품
홍해
메카
스바
오빌

Memo

· 솔로몬 제국의 재정상황

· 성전과 왕정의 신학적 문제점

• 솔로몬 왕국의 무역

Memo

3. 솔로몬 왕국의 쇠퇴 왕상 11장

여로보암 왕상 11:26-40

에돔의 하닷 왕상 11:14-22

다메섹의 르손 왕상 11:23-25

ASIA
AFRICA

Part
07

분열왕국 시대 1기: 남북경쟁 시대

주전 931~870년

	유다	연도	이스라엘		연도	
남북경쟁 시대	르호보암	931-913		여로보암	931-910	
	아비야	913-911		나답*	910-909	
	아사	911-870		바아사	909-886	▶ 1차 쿠데타
				엘라*	886-885	
남북화해 시대	여호사밧	873-848	시므리 자살		885	▶ 2차 쿠데타
			오므리 왕조	오므리	885-874	▶ 3차 쿠데타
				아합	874-853	
	여호람	853-841		아하시야	853-852	
	아하시야	841		여호람*	852-841	
남북단절 시대	아달랴	841-835	예후 왕조	예후	841-814	▶ 4차 쿠데타
	요아스	835-796				
	아마샤	796-767		여호아하스	814-798	
	웃시야	791-739		요아스	798-782	
	요담	750-731		여로보암 2세	793-753	
				스가랴*	753	
앗시리아 정복 시대	아하스	743-715		살룸*	752	▶ 5차 쿠데타
				므나헴	752-742	▶ 6차 쿠데타
				브가히야*	742-740	
				베가*	752-732	▶ 7차 쿠데타
	히스기야	728-686		호세아	732-722	▶ 8차 쿠데타
유다 왕국 시대	므낫세	697-642				
	아몬	642-640				
	요시야	640-609				
	여호아하스	609				
	여호야김	609-597				
	여호야긴	597				
	시드기야	597-586				

· *는 암살을 의미함

· 숫자는 모두 '주전' 연도임

· 열왕들의 연대기는 레온 우드 박사의 《이스라엘 역사》를 참고했음.

· 이어지는 두 왕의 통치기에서 겹치는 시간은 섭정기를 의미함.

Memo

· 변변치 않은 두 개의 이류 국가 사이의 반 세기에 걸친 무모한 경쟁
· 집안 싸움에 외세(아람)를 끌어들이며 진흙탕 싸움으로 발전

Memo

● 메소포타미아:

· 아람과 앗시리아의 경쟁 시대

● 이집트: 22왕조 주전 946-9세기말: 리비아 출신 부바스티스 왕조

· 창건자 쇼셍크 1세(주전 946-913년)

· 이스라엘 침공(주전 925년, 시삭)

· 그가 죽고 왕족간의 불화와 민중봉기가 계속되며 주전 9세기 말 23왕조가 분리되며 종말

· 22왕조의 이집트

* 북이스라엘

여로보암 주전 931-910년, 왕상 12:25-14:20

나답 주전 910-909년, 왕상 15:25-31

바아사 주전 909-886년, 왕상 15:32-16:7

엘라 주전 886-885년, 왕상 16:8-14

* 남유다

르호보암 주전 931-913년, 왕상 12:1-24; 대하 10-12장

아비야 주전 913-911년, 왕상 15:1-8; 대하 13:1-22

아사 주전 911-870년, 왕상 15:9-24; 대하 14-16장

왕국의 분열 왕상 12:1-24; 대하 10:1-11:4

Memo

· 베냐민이 유다에 남은 이유는?

"르호보암과 여로보암 사이에 항상 전쟁이 있으니라"

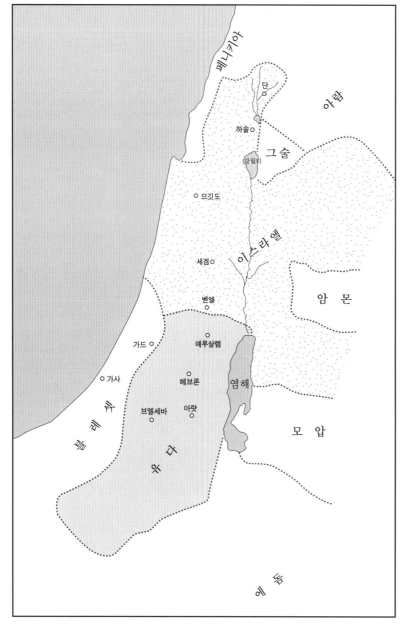

왕상 14:30

• 왕국의 분열

Memo

• 므깃도에서 발견된 시삭의 석비

시삭의 출정 왕상 14:25-28; 대하 12:1-12

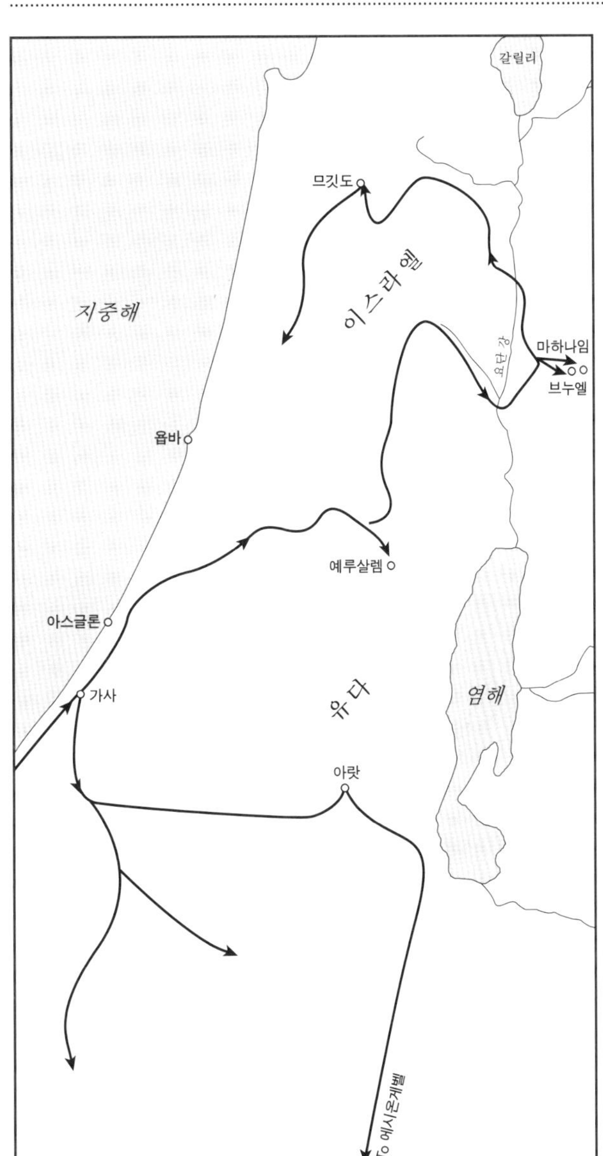

• 시삭의 출정

르호보암의 요새들 대하 11:5-12

Memo

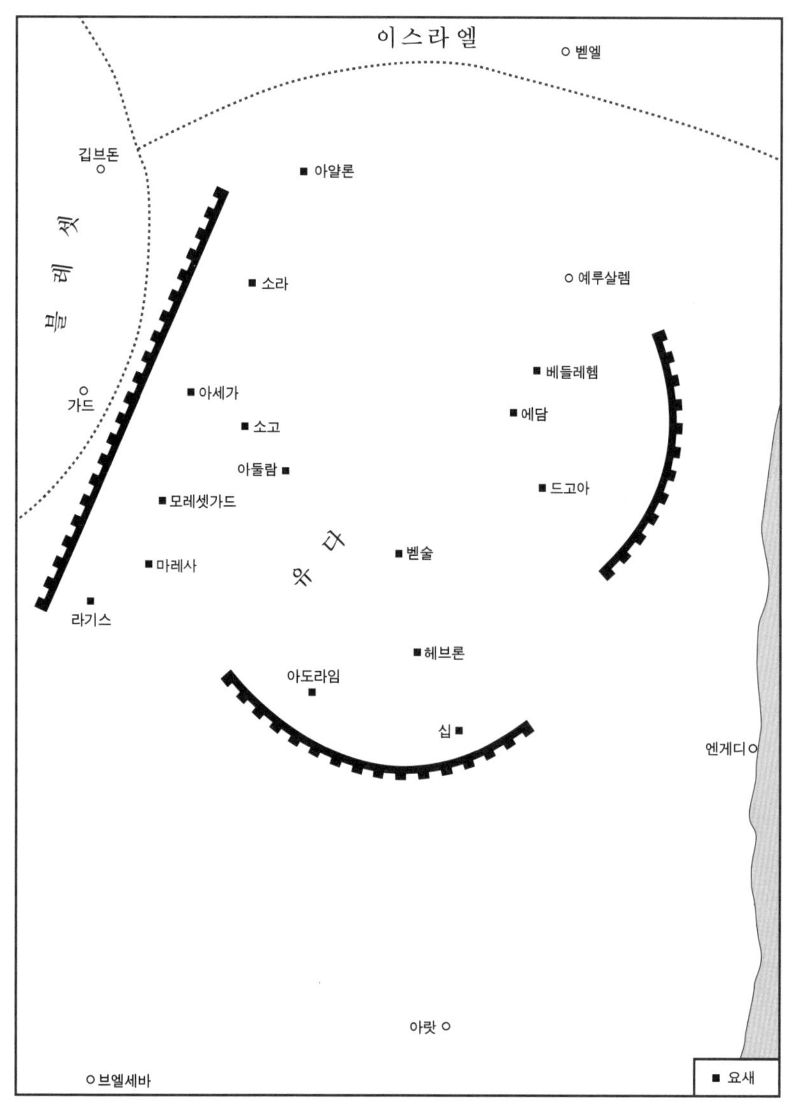

• 르호보암이 쌓은 성벽과 요새화한 도시들

Memo

아비야의 정복전쟁 대하 13장

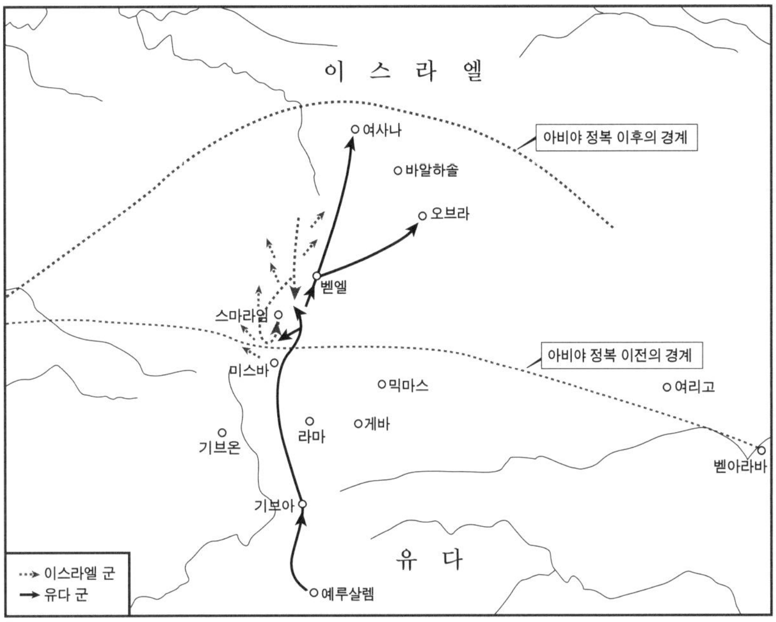

• 아비야의 정복 전쟁

에티오피아 용병 세라의 침공 대하 14:9-15

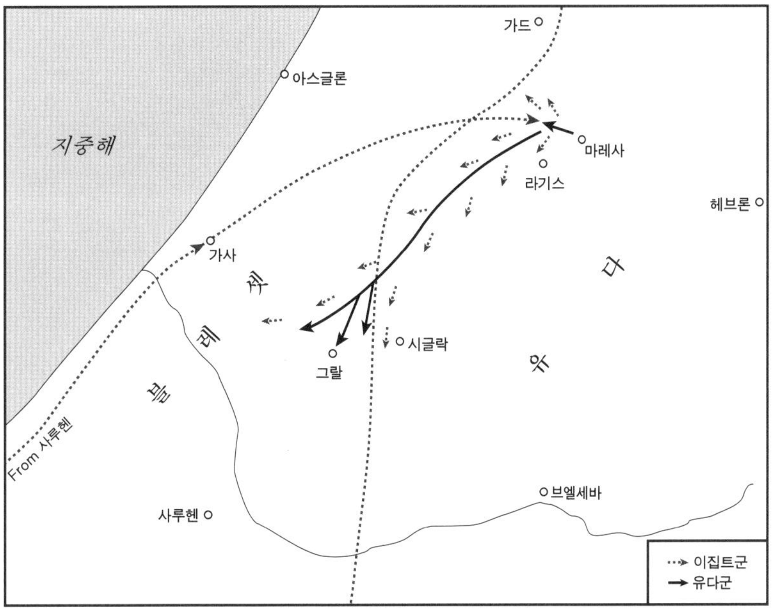

• 에티오피아 용병 세라의 침공

바아사–아사 전쟁 왕상 15:16–22; 대하 16:1–6

Memo

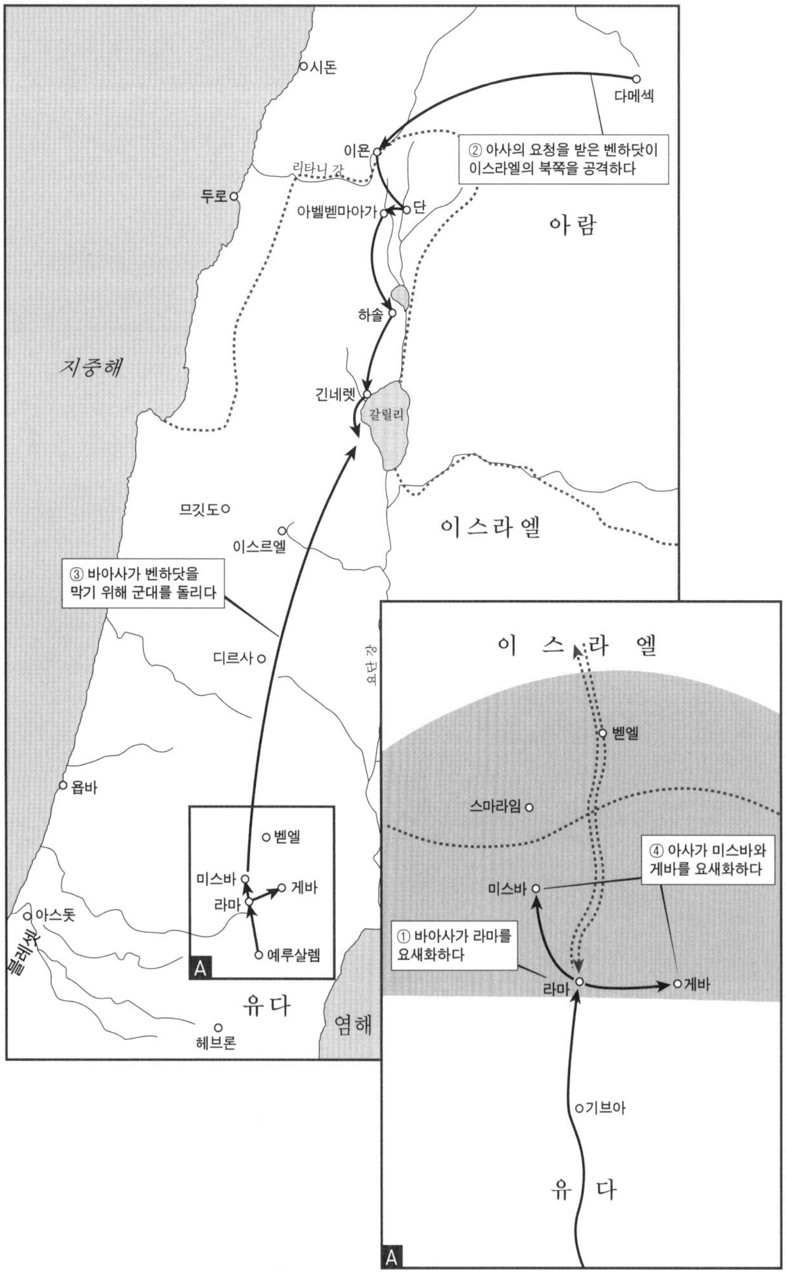

- 아사와 바아사의 전쟁

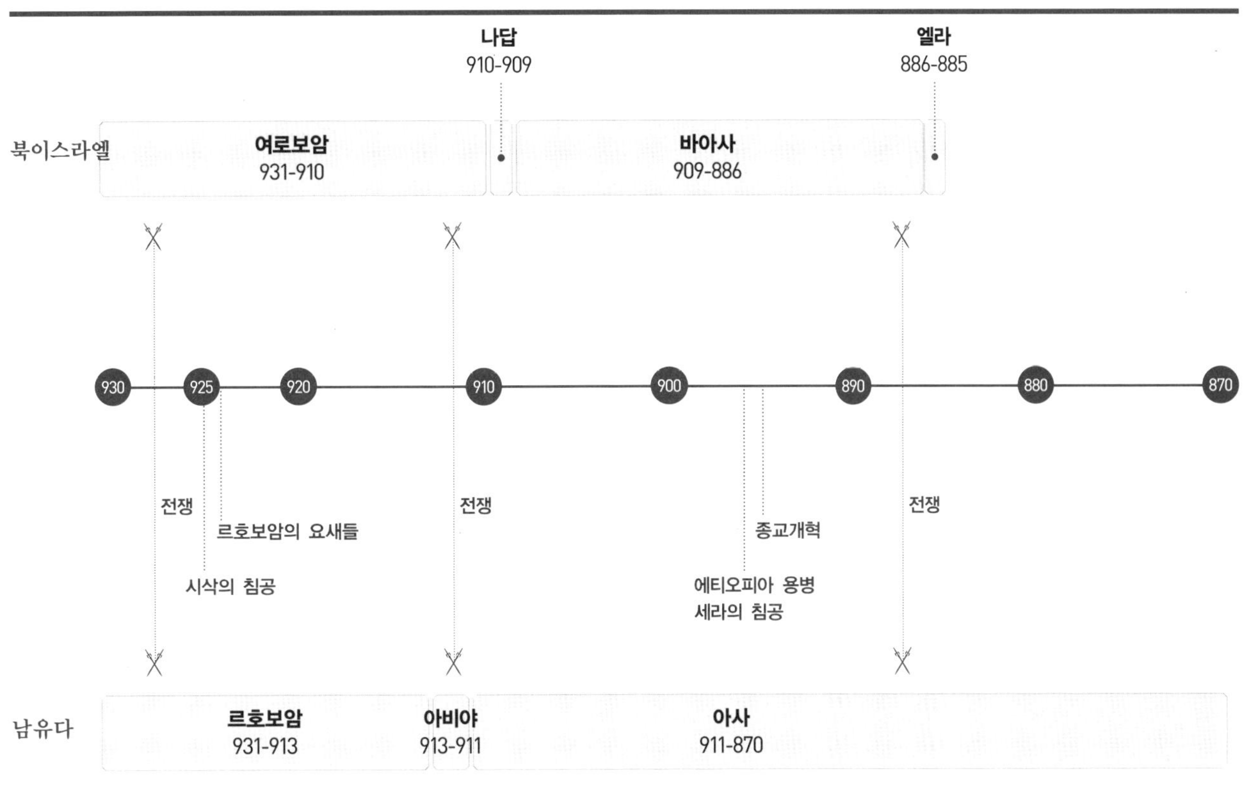

나답
910-909
엘라
886-885
북이스라엘
여로보암
931-910
바아사
909-886
930
925
920
910
900
890
880
870
전쟁
르호보암의 요새들
시삭의 침공
전쟁
종교개혁
에티오피아 용병
세라의 침공
전쟁
남유다
르호보암
931-913
아비야
913-911
아사
911-870

Part
08

강대국에 맞서 남북 대동단결

분열왕국 시대 2기: 남북화해 시대

주전 870~841년

· 강대해진 _____의 남하로 인한 국제정세가 남북왕국의 동맹을 초래함
· 앗수르나시르팔 2세, 살만에셀 3세가 등장하며 신앗시리아 제국이 발흥
· 무력 상태의 이집트(22왕조)는 더 이상 영향력 행사를 못함

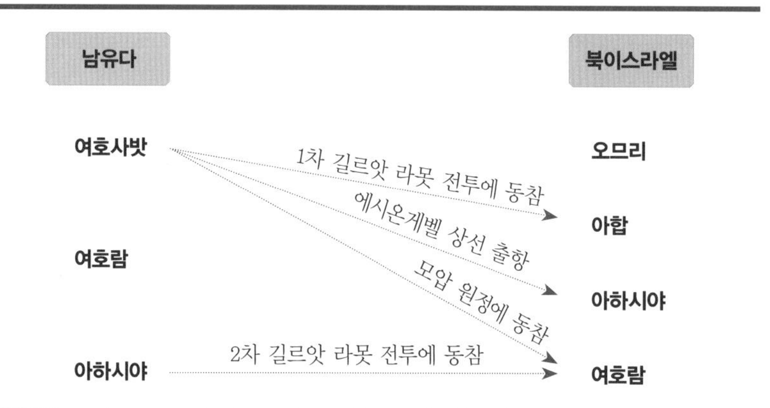

Memo

· 남북화해 시대에 남유다와 북이스라엘이 수행한 공동 작전들

● 앗시리아

· 3세기 동안 앗시리아의 팽창을 막았던 세 가지 장애물은?

....

· 앗시리아가 군사적 침략을 통해 얻고자 했던 세 가지 목적은?

....

· 앗시리아가 개발한 공포 정치

....

· 신앗시리아 제국의 왕들

1. 위대한 부흥기(신앗시리아 시대 제1기)

앗수르나시르팔 2세(주전 883-859년)

살만에셀 3세(주전 859-824년)

2. 쇠퇴기

삼시아닷 5세(주전 823-811년)

Memo

아닷니라리 3세(주전 810-783년)

살만에셀 4세(주전 782-772년)

앗수르단 3세(주전 771-754년)

앗수르니라리 5세(주전 753-746년)

3. 위대한 팽창기(신앗시리아 시대 제2기)

디글랏빌레셀 3세(주전 745-727년)

살만에셀 5세(주전 727-722년)

사르곤 2세(주전 722-705년)

산헤립(주전 705-681년)

에살핫돈(주전 681-669년)

앗수르바니팔 2세(주전 669-627년)

• 포로들에게 고문하는 앗시리아 군인들

앗수르나시르팔 2세 주전 883-859년

· 공포정치 개발, 갈라(니므롯)로 수도 이전

살만에셀 3세 전반기 주전 859-824년

· 카르카르 전투(주전853년)에서 서부 연합군에게 저지됨

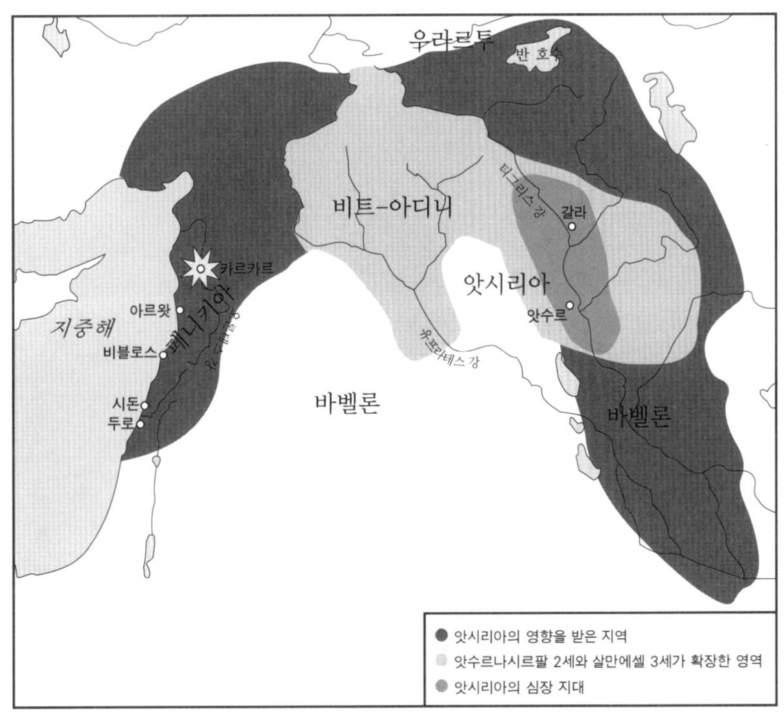

• 신앗시리아 시대의 영토

* 북이스라엘

시므리 주전 885년, 왕상 16:15-22

오므리 주전 885-874년, 왕상 16:21-28

아합 주전 874-853년; 왕상 16:29; 22:40

• 사마리아 궁에서 나온 상아 조각

아하시야 주전 853-852년, 왕상 22:51-52; 왕하 1:1-2:25

여호람 주전 852-841년, 왕하 3:1-8:24

* 남유다

여호사밧 주전 873-848년, 왕상 22:41-50; 대하 17-20장

여호람 주전 853-841년, 왕하 8:16-24; 대하 21장

· 오바댜

아하시야 주전 841년, 왕하 8:25-29; 대하 22:1-9

오므리의 발흥 왕상 16:15-28

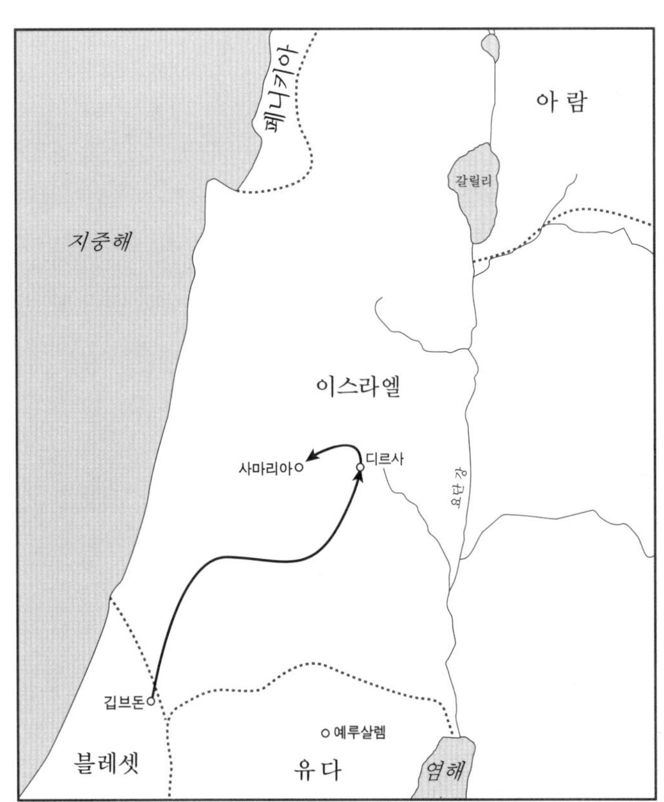

Memo

• 오므리의 집권과 통치

Memo

아합과 아람간의 전쟁 왕상 20장

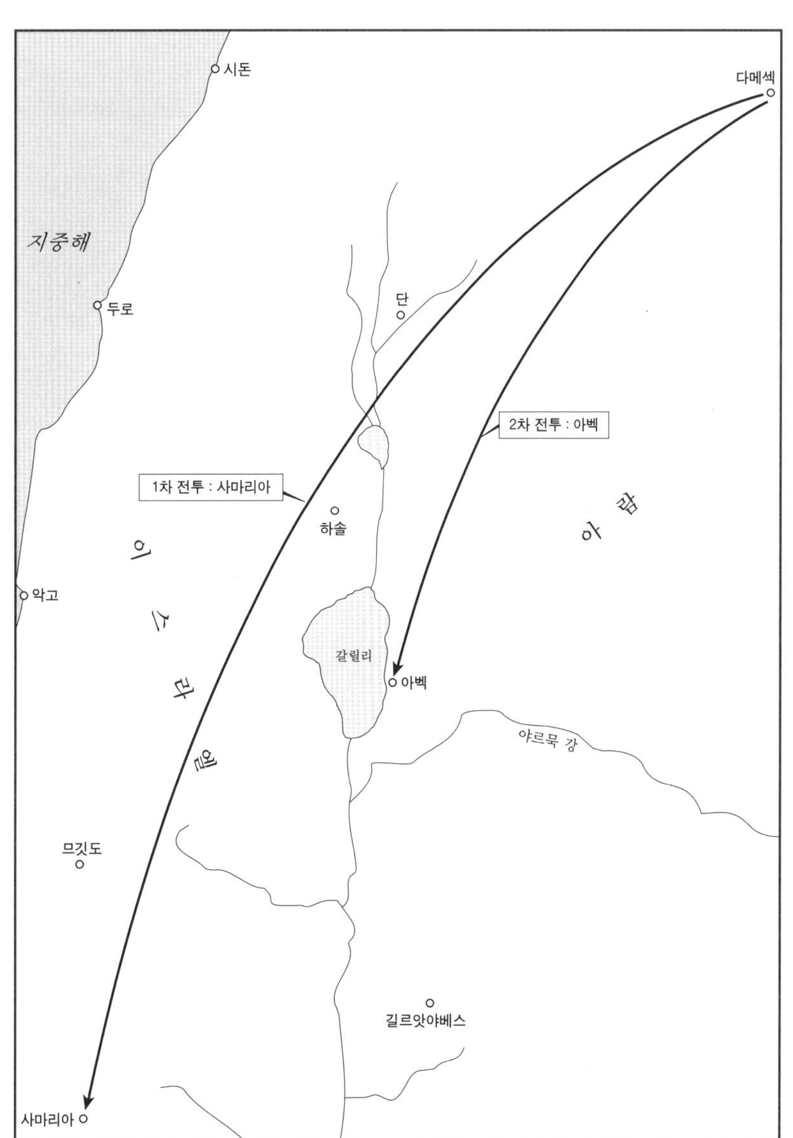

• 아합과 아람의 전쟁

카르카르 전투

Memo

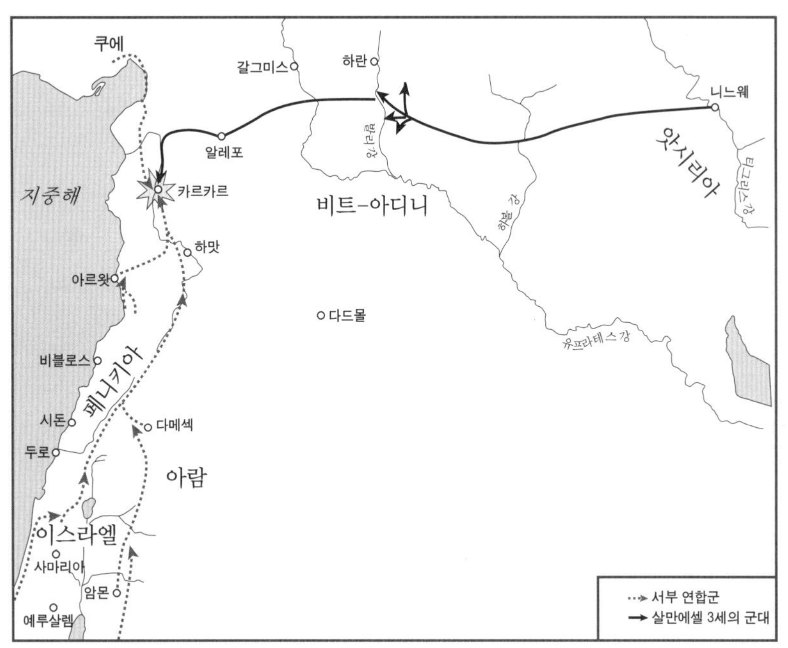

• 카르카르 전투

Memo

길르앗 라못 전투 왕상 22:1-40; 대하 18:1-34

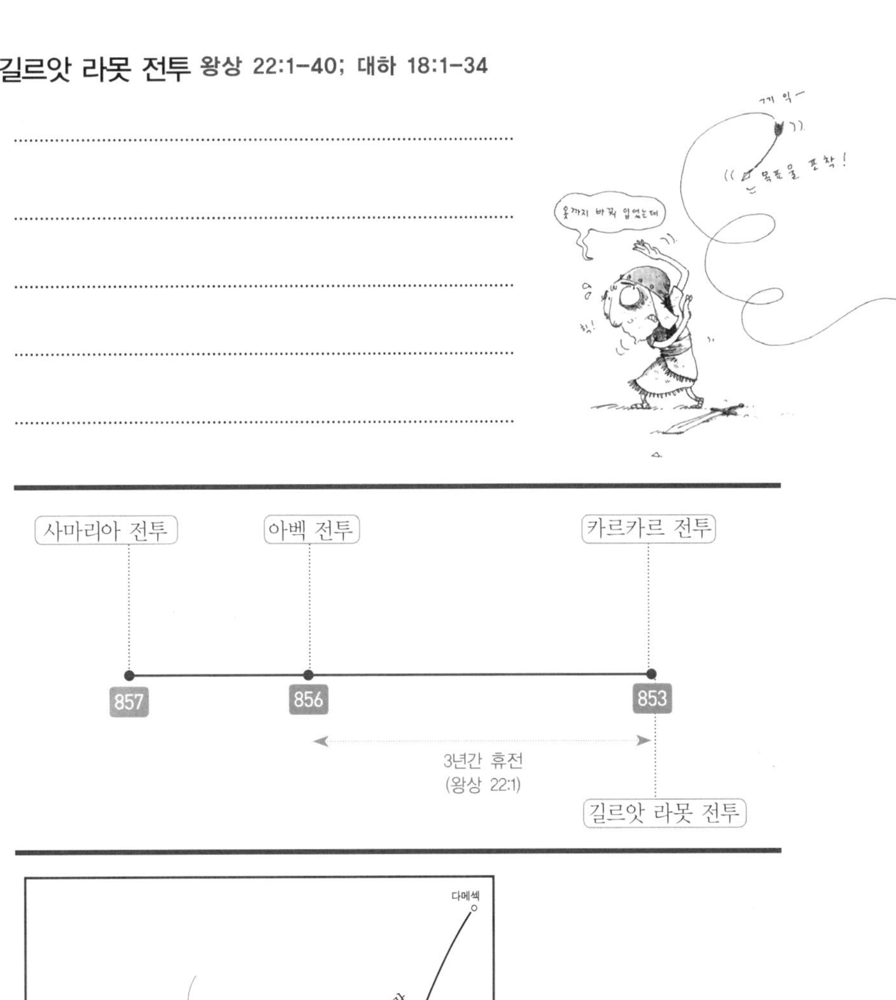

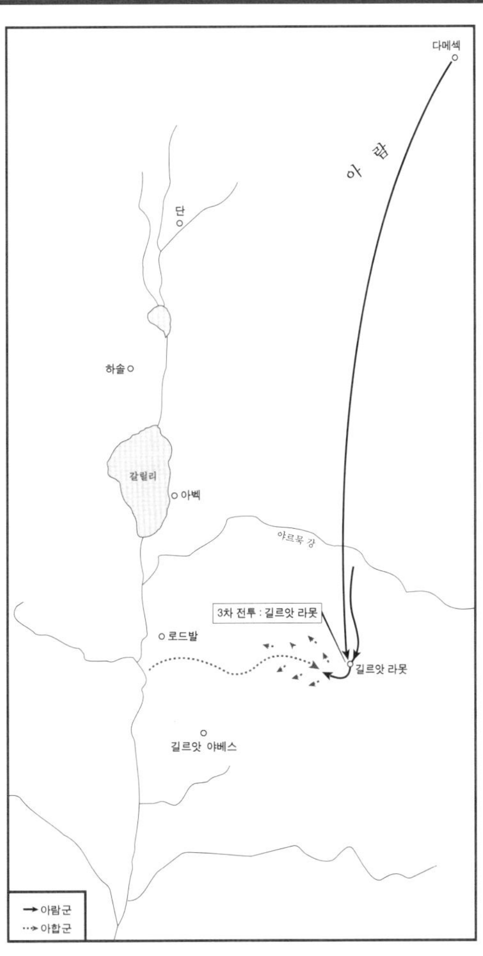

• 길르앗 라못 전투

모압 왕 메사의 반란과 이스라엘의 출정 왕상 3:4-27

Memo

• 메사의 석비

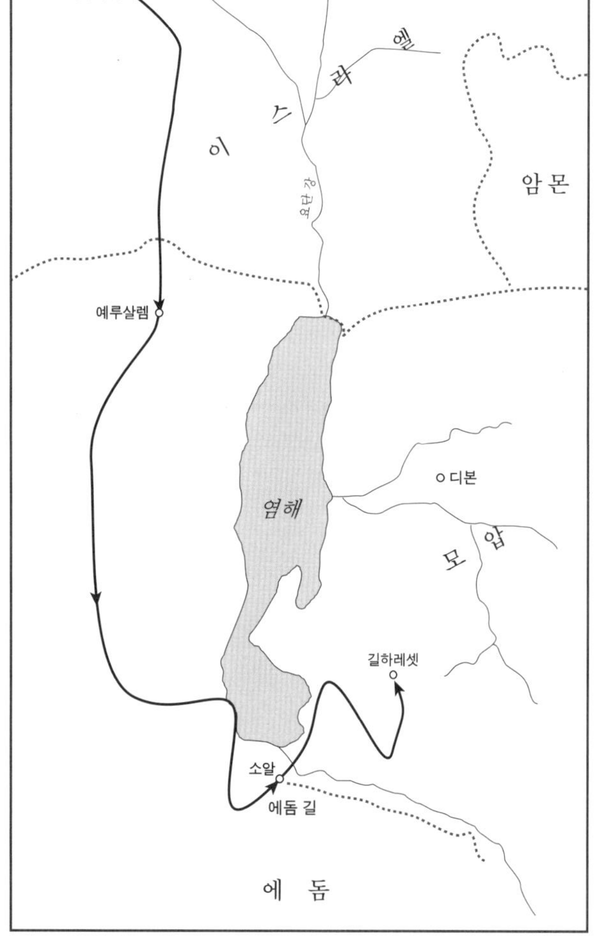

• 모압을 공격하는 이스라엘 연합군

Memo

모압 동맹군의 유다 침공 대하 20:1-30

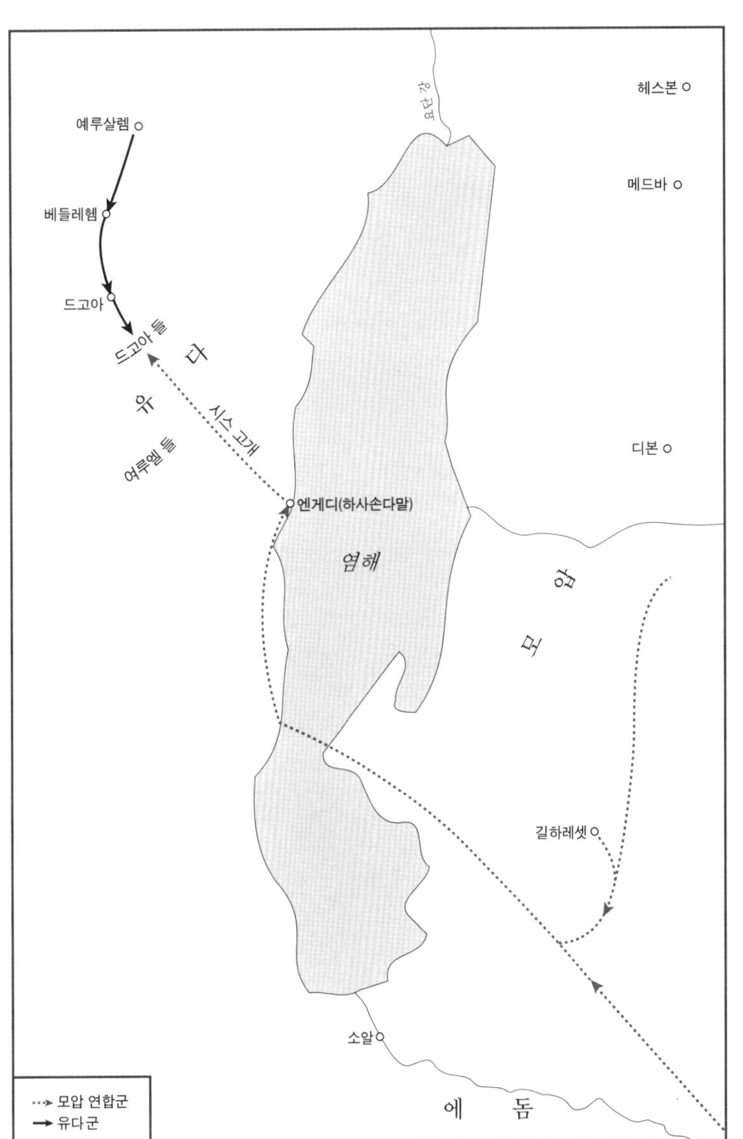

• 유다를 침공하는 모압 연합군

엘리야의 사역 왕상 17-21장; 왕하 1:1-2:11

Memo

· 그릿 시냇가

· 시돈 땅 사르밧

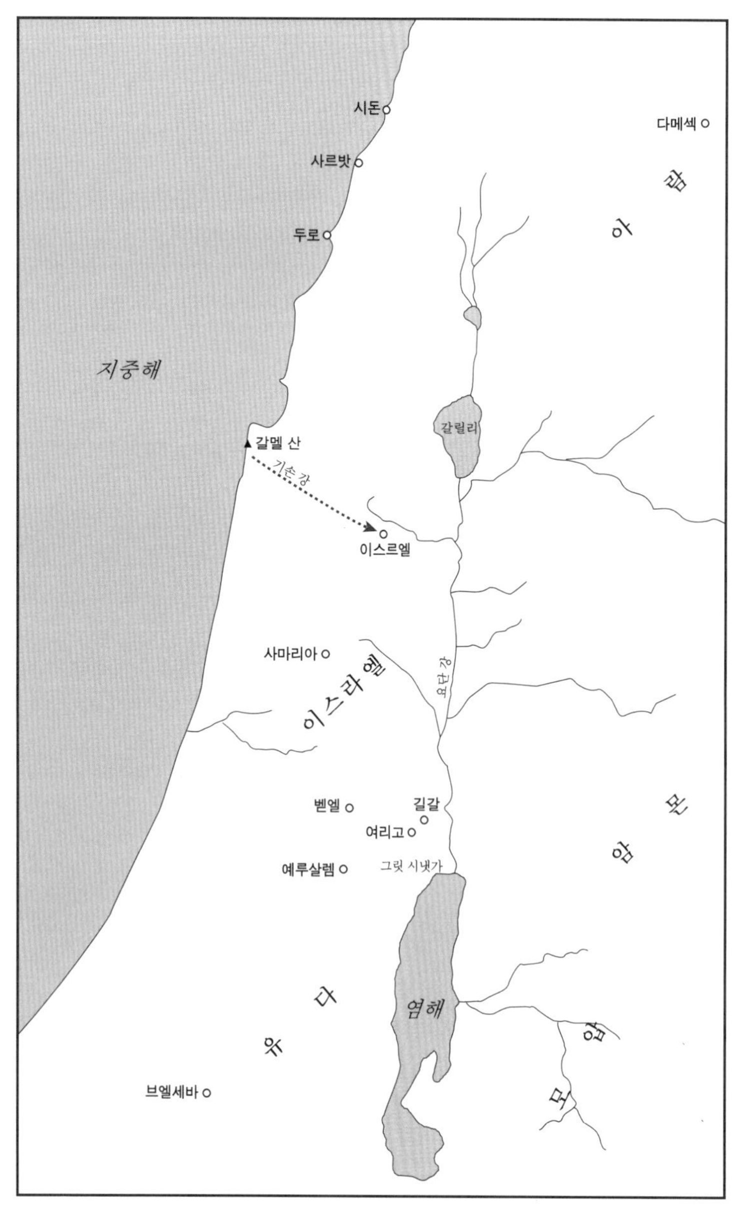

• 엘리야의 사역지들

Memo

· 갈멜 산

· 브엘세바

· 이스르엘 별궁

앗시리아		앗수르나시르팔 2세 883-859		살만에셀 3세 859-824	
북이스라엘	시므리 885	오므리 885-874	아합 874-853	아하시야 853-852	여호람 852-841
남유다			여호사밧 873-848	여호람 853-841	아하시야

카르카르 전투 853

길르앗 라못 전투

에시온게벨 상선 출항

모압의 반란과 출정

890 880 870 860 850 840

동맹

동맹 동맹

모압 동맹군 침공

엘리야 사역기

오바댜 사역기

Part

09

남북단절 신앙단절 그리고 외교단절

분열왕국 시대 3기: 남북단절 시대

주전 841~753년

· 예후 반란으로 남북관계와 주변국가 모두가 긴장관계로 바뀜

· 앗시리아(살만에셀 3세), 아람(하사엘), 앗시리아(아닷니나리 3세), 이스라엘(웃시야/여로보암 2세)의 순차적인 발흥

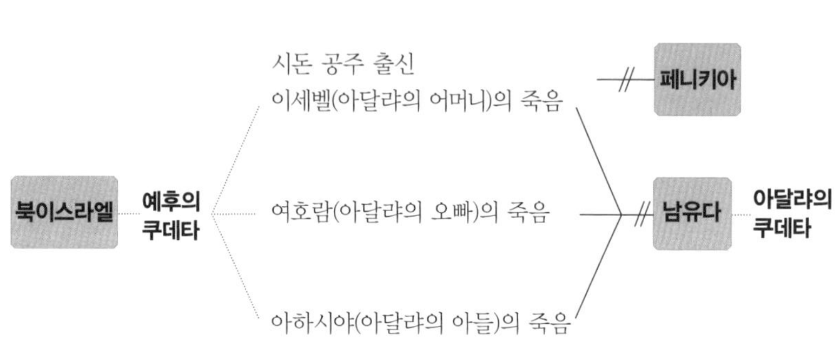

Memo

· 남북단절 시대의 외교관계 단절 상황

● 앗시리아: 80년간 이어진 쇠퇴기

· 우라르투 왕국의 침략/잦은 내분과 반란/중앙권력의 약화

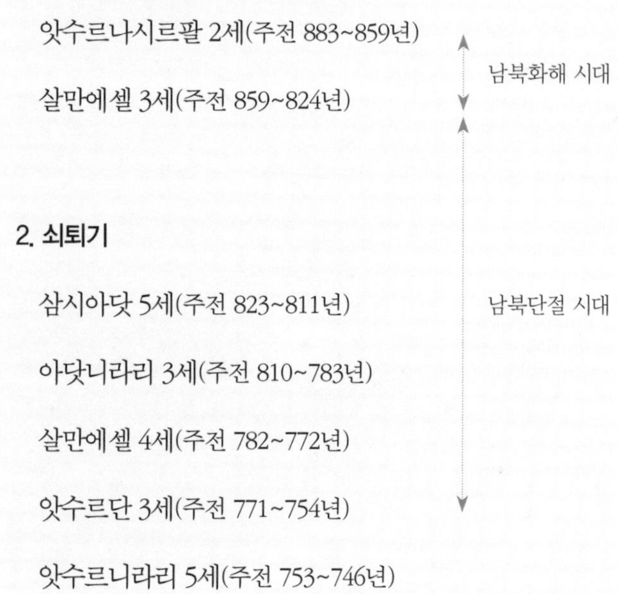

1. **위대한 부흥기**(신앗시리아 시대 제1기)

앗수르나시르팔 2세(주전 883~859년)

살만에셀 3세(주전 859~824년)

남북화해 시대

2. **쇠퇴기**

삼시아닷 5세(주전 823~811년)

아닷니라리 3세(주전 810~783년)

살만에셀 4세(주전 782~772년)

앗수르단 3세(주전 771~754년)

남북단절 시대

앗수르니라리 5세(주전 753~746년)

Memo

살만에셀 3세 후반기

· 살만에셀 앞에 굴복한 북이스라엘의 왕 예후

삼시아닷 5세 주전 823-811년

· 우라르투 침공을 막아내느라 고군분투, 아내 삼무라맛 여왕

아닷니라리 3세 주전 810-783년

· 아람의 속박에서 이스라엘을 구한 구원자

이집트

· 23, 24왕조(주전 9세기말-720년), 폭력/강포/무법천지의 시대

· 23, 24왕조의 이집트

* 북이스라엘

예후 주전 841-814년, 왕하 9,10장

여호아하스 주전 814-798년, 왕하 13:1-9

요아스 주전 798-782년, 왕하 13:10-25; 14:15, 16

여로보암 2세 주전 793-753년, 왕하 14:23-29

스가랴 주전 753년, 왕하 15:8-12

* 남유다

아달랴 주전 841-835년, 왕하 11:1-16; 대하 22:10-23:15

요아스 주전 835-796년, 왕하 11:17-12:21; 대하 23:16-24:17

· 요엘

아마샤 주전 796-767년, 왕하 14:1-20; 대하 25장

웃시야 주전 791-739년, 왕하 14:21, 22, 15:1-7; 대하 26장

요담 주전 750-731년, 왕하15:32-38; 대하 27장

예후의 반역 왕하 9,10장

Memo

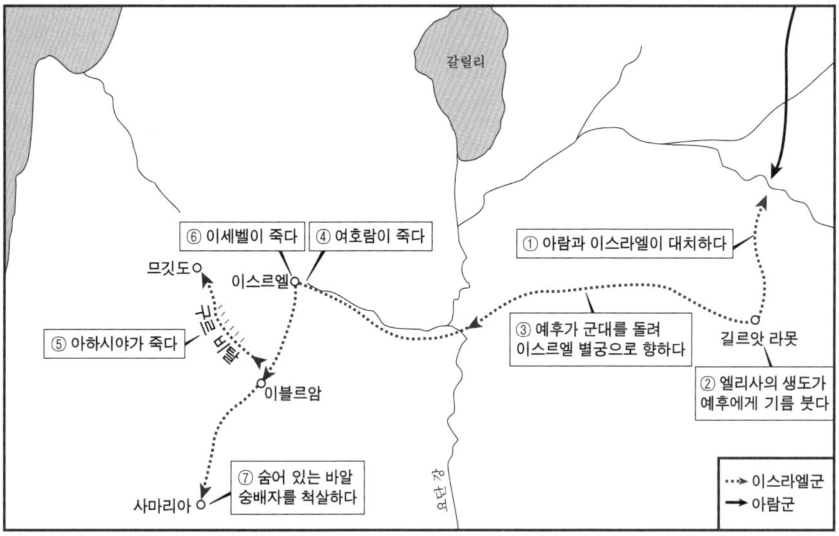

갈릴리
⑥ 이세벨이 죽다
④ 여호람이 죽다
① 아람과 이스라엘이 대치하다
므깃도
이스르엘
⑤ 아하시야가 죽다
구르 비탈
③ 예후가 군대를 돌려 이스라엘 별궁으로 향하다
길르앗 라못
이블르암
② 엘리사의 생도가 예후에게 기름 붓다
⑦ 숨어 있는 바알 숭배자를 척살하다
사마리아
요단 강
이스라엘군
아람군

• 예후의 반역

Memo

살만에셀 3세의 출정

• 살만에셀 3세에게 공물을 바치는 이스라엘 왕 예후

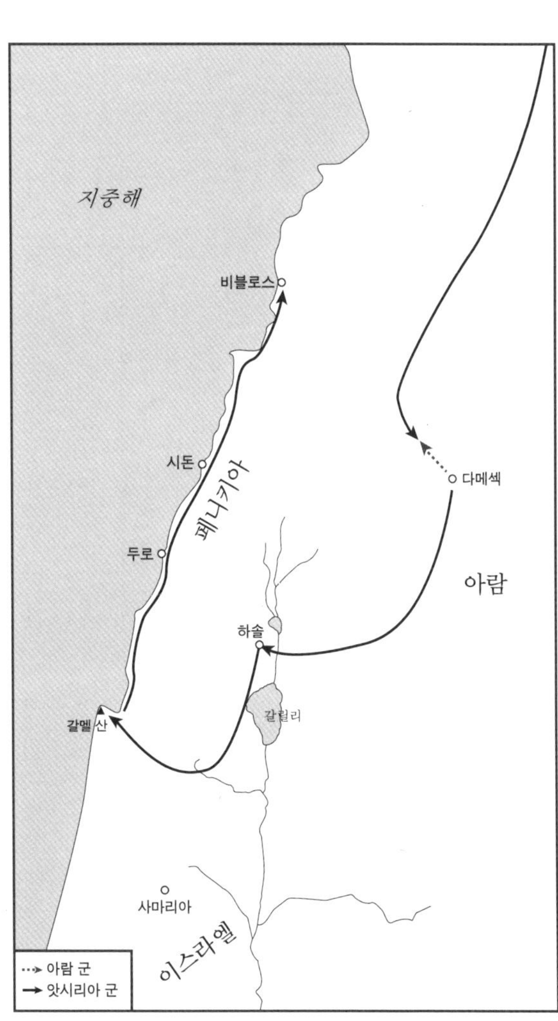

• 살만에셀 3세의 출정

하사엘의 출정 왕하 10:32; 33, 12:17, 18; 13:3, 7

Memo

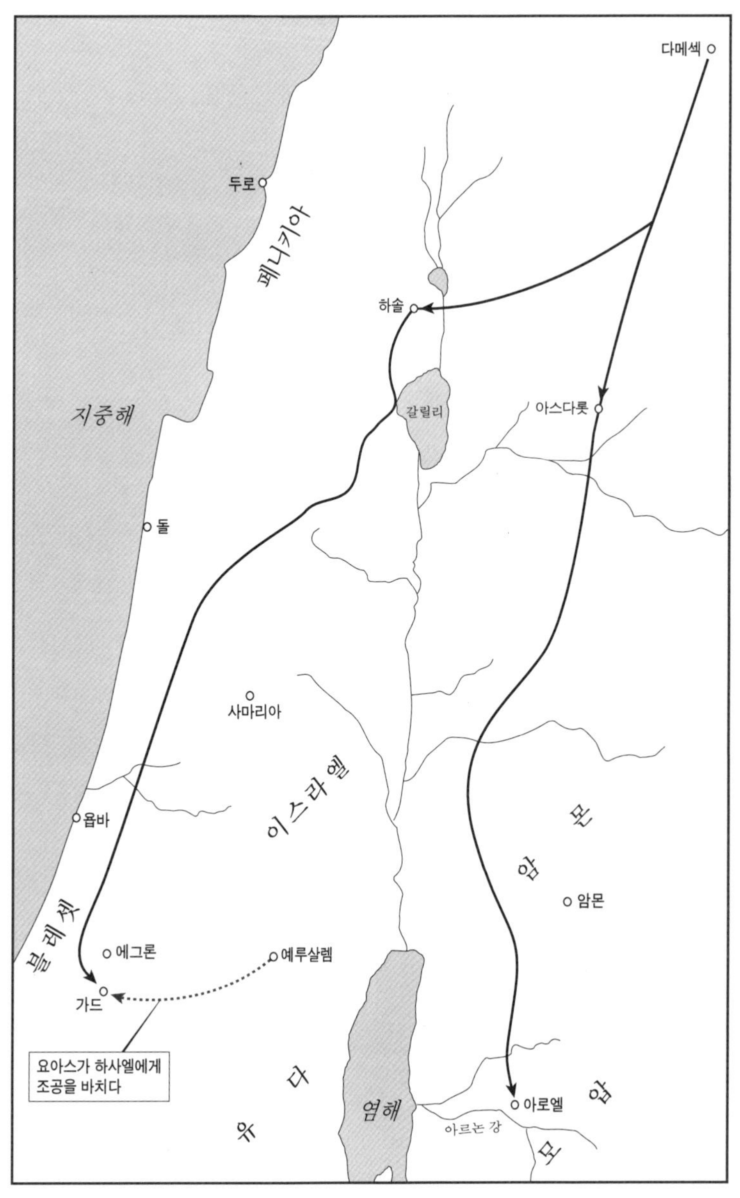

• 하사엘의 출정

Memo

아닷니라리 3세의 출정

· 근동의 역사적 배경을 모르고 구약성경을 이해한다는 것은 한마디로 어불성설!

"여호와께서 이에 구원자를 이스라엘에게 주시매 이스라엘 자손이 아람 사람의 손에서 벗어나 전과 같이 자기 장막에 거하였으나"

왕하 13:5

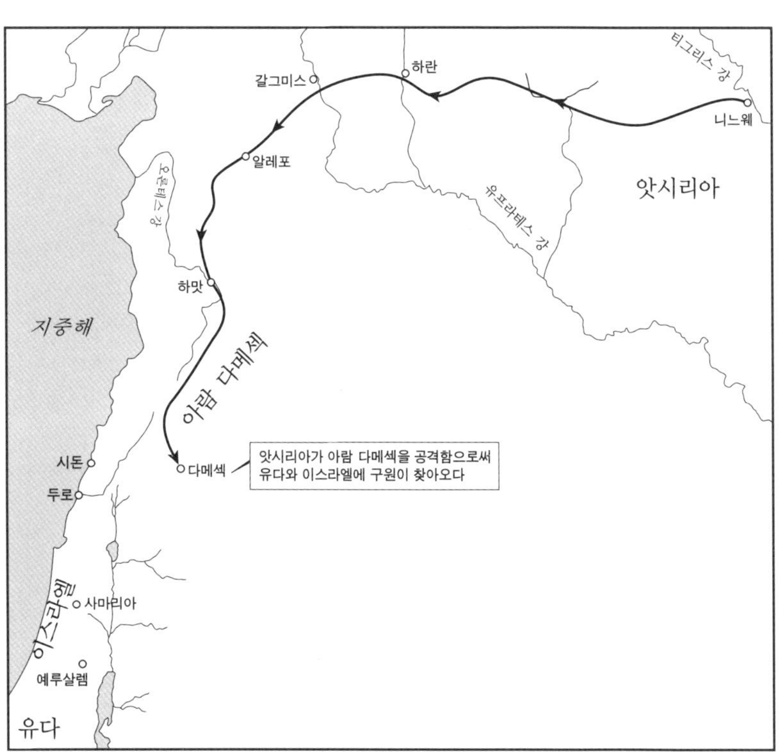

• 아닷니라리 3세의 출정

아마샤와 요아스의 결투 왕하 14:7-14; 대하 25:5-28

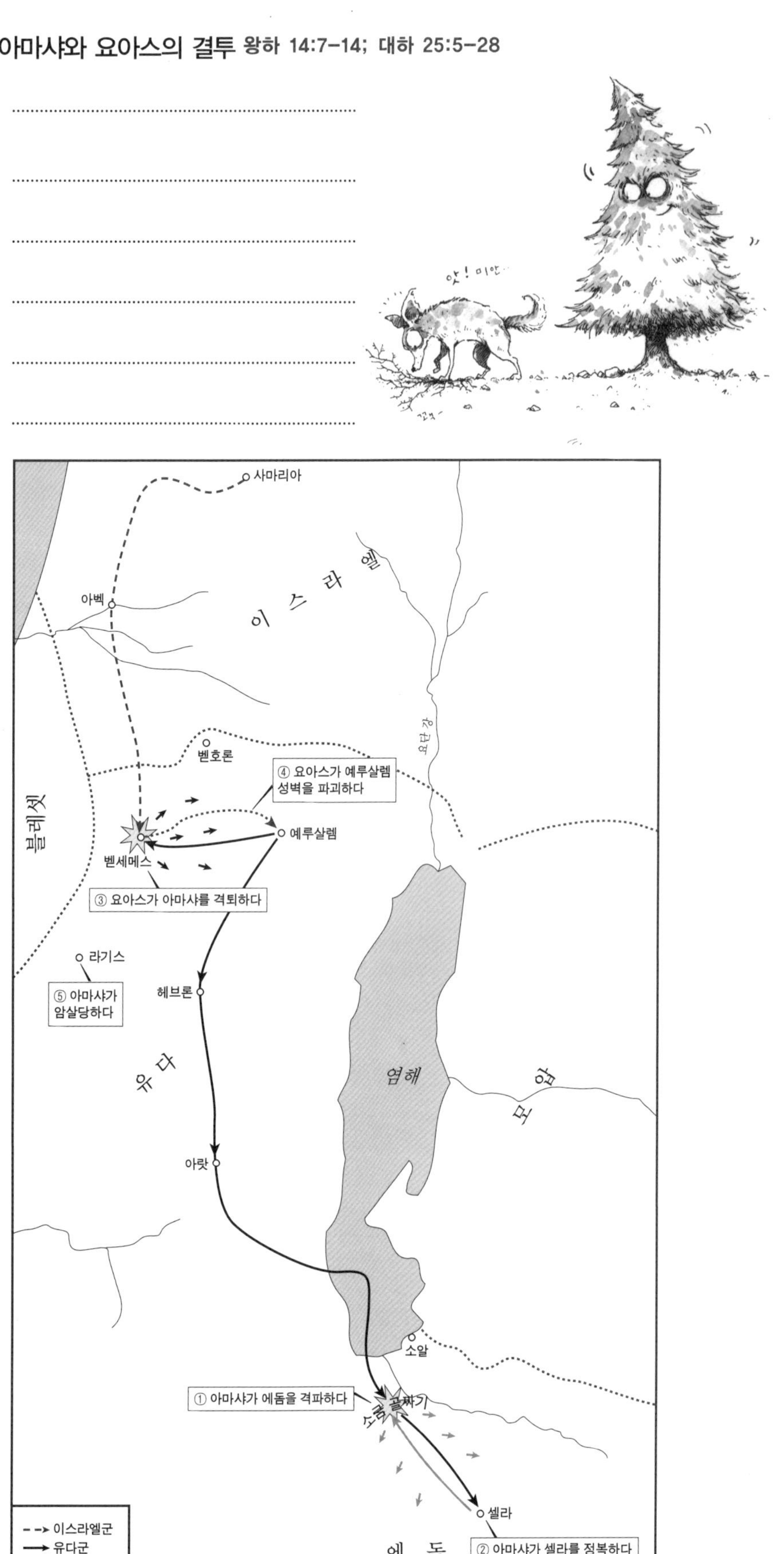

Memo

· 역사를 통해 배우는 교훈

• 아마샤와 요아스의 결투

Memo

요아스와 여로보암 2세의 정복 왕하 13:15-19, 25; 14:25

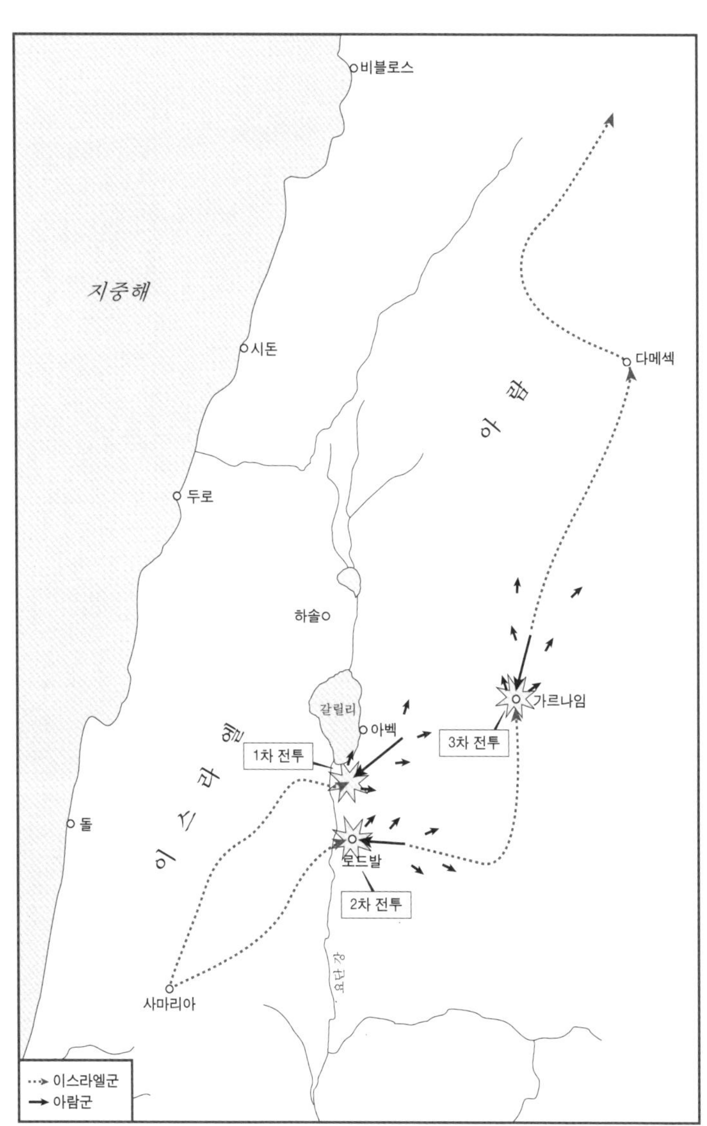

• 아람을 공격한 요아스

웃시야의 정복 왕하 14:22; 대하 26:2-15

Memo

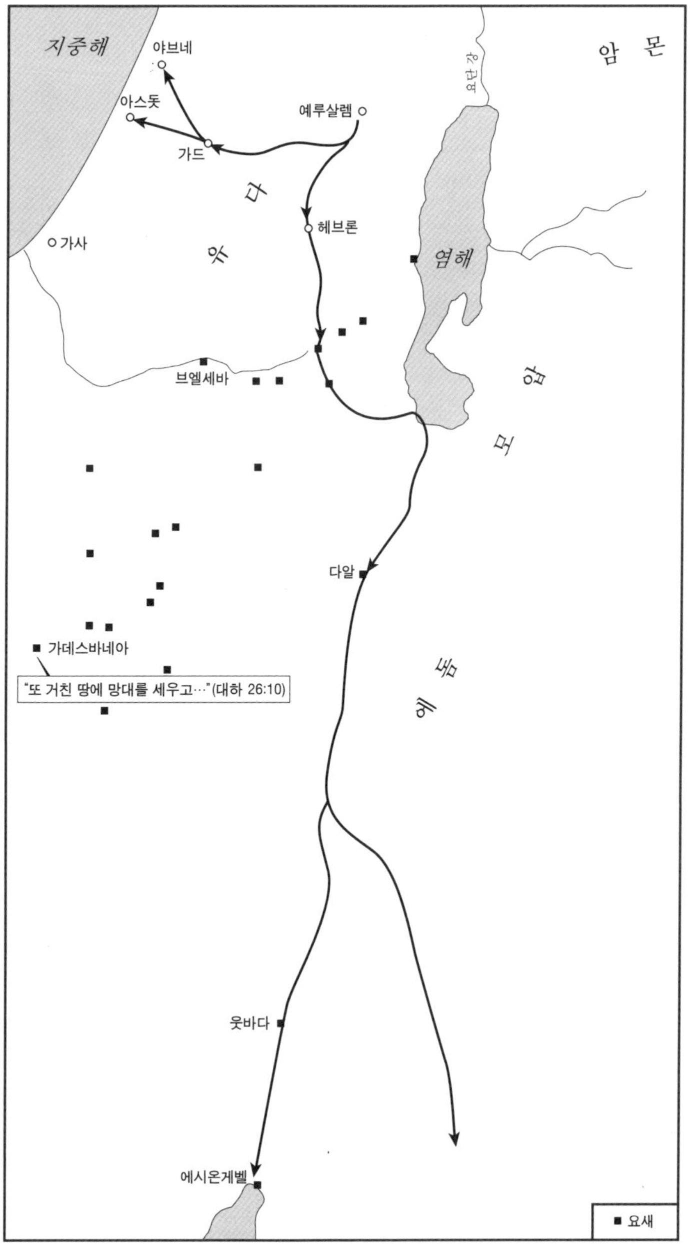

• 웃시야의 정복 전쟁

Memo

여로보암 2세와 웃시야 당시의 이스라엘과 유다 왕하 14:25

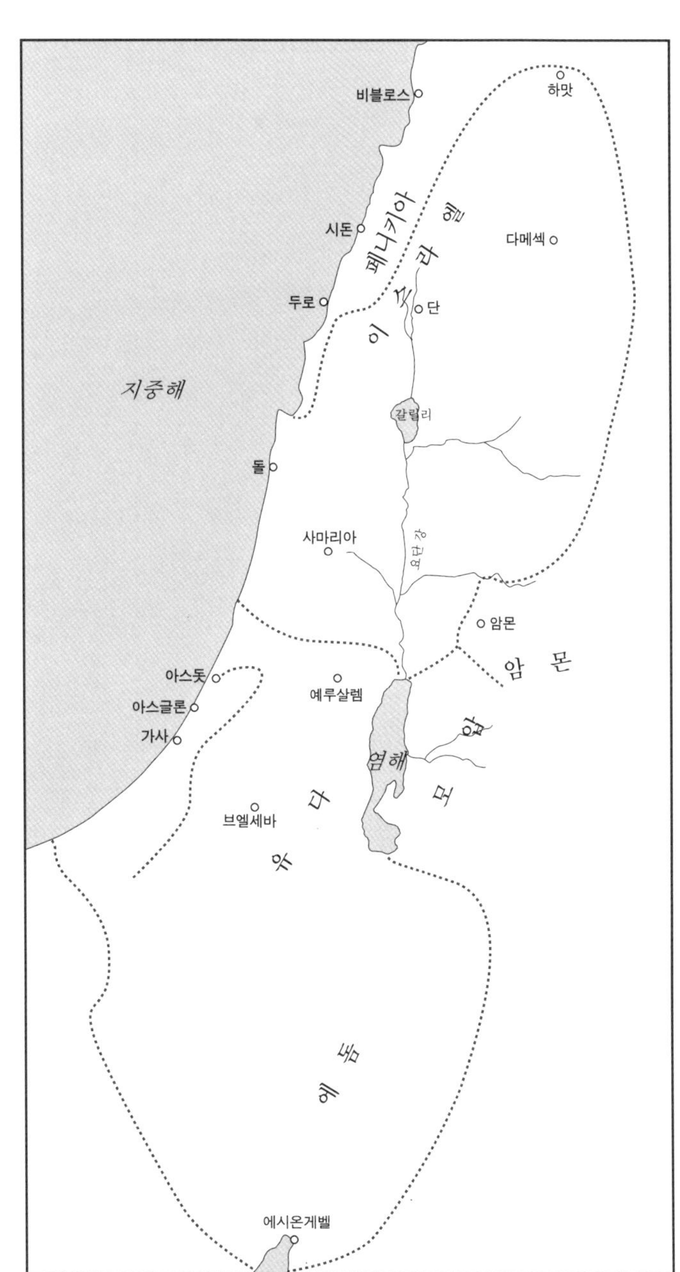

• 여로보암 2세와 웃시야 당시의 이스라엘과 유다

엘리사의 사역 왕하 2:1-9:13

· 여리고

· 벧엘

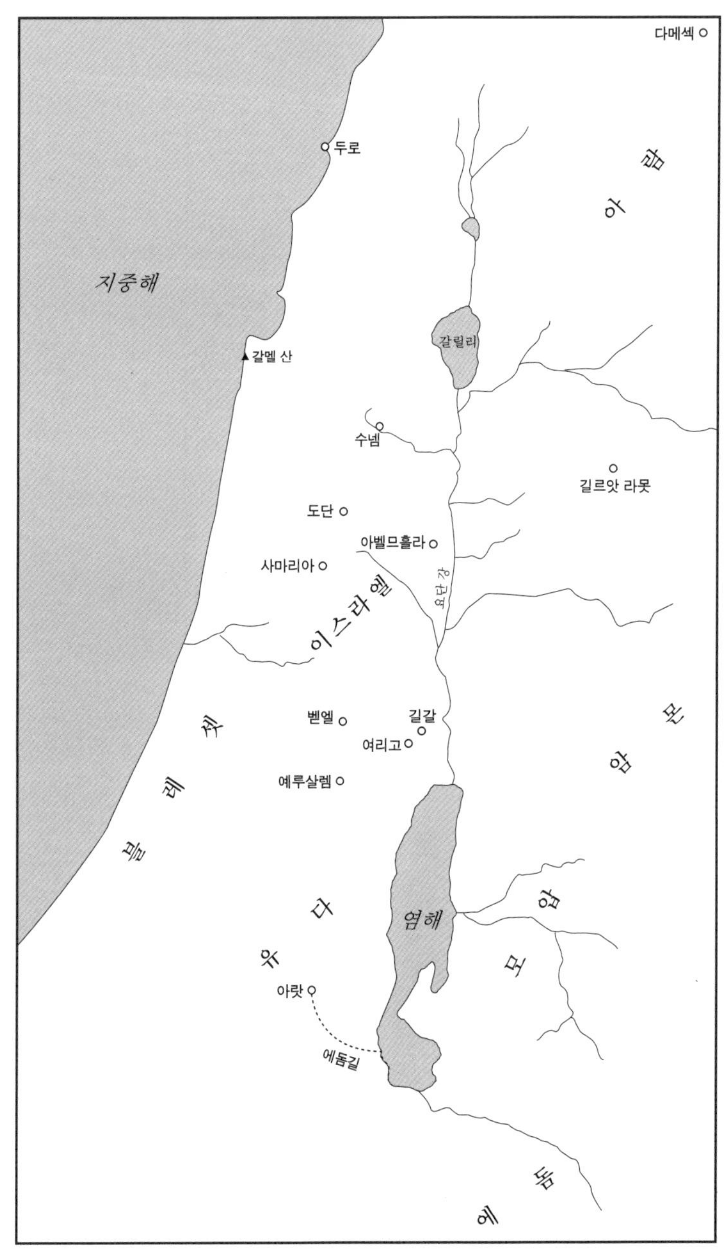

Memo

• 엘리사의 사역지

Memo

· 요단 강

· 사마리아

· 수넴

· 다메섹

· 길르앗 라못

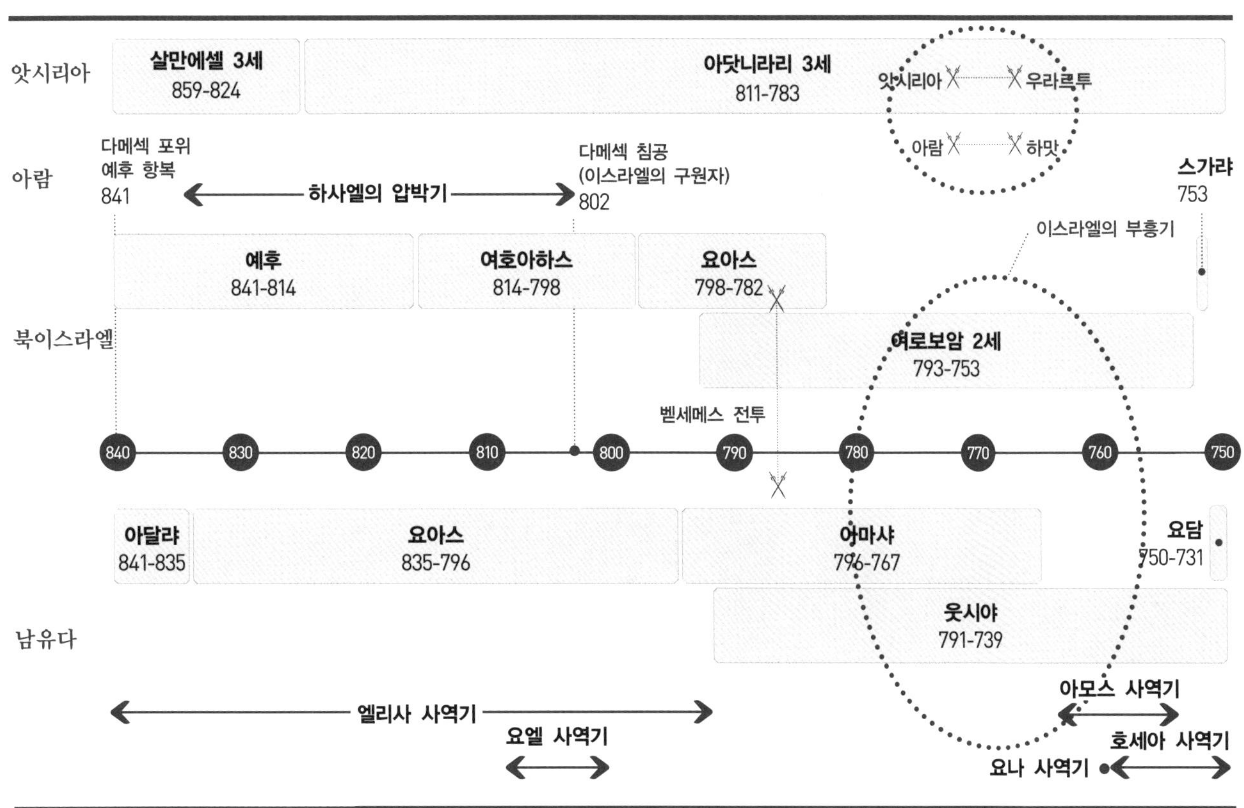

Memo

주전 8세기 중엽 북이스라엘의 내적인 부패

· 겉으로 드러난 밝고 웅장한 면모와 달리 사회 내부는 그리 긍정적이지 못함, 아모서/호세아가 조명

· 겉으론 솔로몬 시대의 영광을 재현, 하지만 사회적/도덕적/종교적으론 부패가 상당히 진척됨(망국 직전의 마지막 불꽃놀이?)

1. 북이스라엘의 사회적 부패

· 극심한 부정부패와 충격적일 정도로 현격한 빈부의 격차

· 부자들의 탐욕, 가짜 도량형기, 돈에 매수된 재판관, 재산을 강탈당하고 토지를 빼앗긴 서민들이 기하급수적으로 증가

· 사회 구조에서 근본적인 변화, 솔로몬 왕정 이후 지파 유대감 약화/계급 차별 심화, 여호와 신앙은 국가종교로서만 남고 율법의 기능은 유명무실해짐

2. 북이스라엘의 종교적 부패

· 큰 성소는 늘 예배자로 붐비고 아낌없는 후원도 줄을 이음. 지방의 성소는 공공연하게 이교적

· 수도 사마리아에서 발견된 토기 파편(여호와/바알 이름 수가 거의 같음)

· 선지자 집단에서도 효과적 책망의 소리가 나오지 않음

· 내부적으로 썩었지만 저변에 흐르는 분위기는 지극히 낙관적

● 주전 8세기 선지자

· 아모스/호세아/요나, 이사야/미가

아모스

· 여로보암 2세/웃시야 통치기, 주전 763-753년

Memo

· 북이스라엘에서 사역했지만 집은 남유다의 드고아

· 국력이 부강해 외국과 통상이 발달하고 백성은 번영을 누림, 도덕적/종교적으로 부패한 시기, 뇌물이 일반화, 정의롭지 않은 판결, 빈부격차

호세아

· 주전 760-715년

· 5가지 주제

1. 하나님은 이스라엘과 언약을 맺었는데 이스라엘은 계속 그것을 깨뜨렸다.
2. 호세아와 고멜의 깨어진 결혼을 하나님과 이스라엘 사이의 깨어진 언약과 연결시킴.
3. 이스라엘이 언약을 계속 깨뜨림에도 하나님은 이스라엘을 지속적으로 사랑하고 인내하셨음.
4. 언약을 깨뜨린 이스라엘 백성의 죄에 대한 무서운 심판이 있을 것을 경고함.
5. 하나님의 손에 의해 다시 회복된 이스라엘의 영광스런 미래를 선포함.

요나

· 주전 760년경 니느웨 방문

· 당시 앗시리아는 아닷니라리 3세가 죽고 극심한 쇠퇴기, 주전 765년에는 큰 역병, 주전 763년 6월 15일에는 일식으로 큰 두려움이 임함

· 요나 사역 당시 니느웨는 앗시리아에서 최대 도시였지만 수도가 아니었음(당시 수도는 갈라), 니느웨는 50년 후 산헤립이 수도로 이전

ASIA
AFRICA

Part 10

아듀, 역사의 무대에서 사라진 북이스라엘

분열왕국 시대 4기: 앗시리아 정복 시대

주전 753~722년

· 여로보암 2세가 죽는 주전 753년에서 북왕국이 멸망하는 주전 722년까지 30여 년간 이스라엘 전 역사에서 가장 중대한 위협이 찾아올 즈음 거의 무정부 상태의 혼란을 겪음(31년간 다섯 가문에서 6명의 왕, 대부분 암살됨)

● 앗시리아: 위대한 팽창기 신앗시리아 시대 2기

Memo

· 디글랏빌레셀 3세(주전 745-727년)

· 살만에셀 5세(주전 727-722년)

· 사르곤 2세(주전 722-705년)

· 산헤립(주전 705-681년)

· 에살핫돈(주전 681-669년)

· 앗수르바니팔 2세(주전 669-627년)

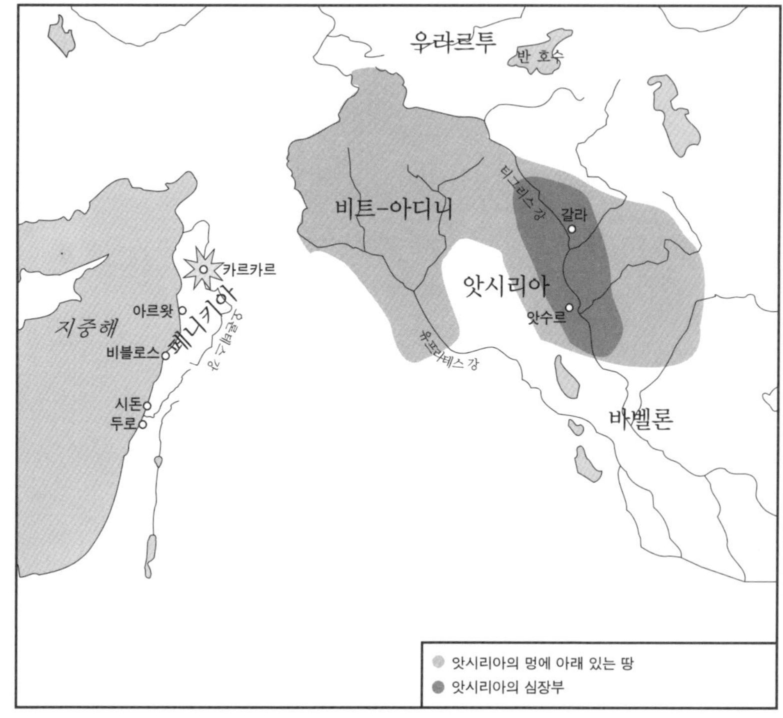

· 신앗시리아 시대의 영토

Memo

디글랏빌레셀 3세

· 진정한 의미에서 제국의 창건자: 본격적인 영토 확장과 제국주의 노선 추구

· 바벨론 평정하고 '풀루'(불)란 이름으로 통치

· 사르두리 2세 통치기에 전성기를 맞은 우라르투와 정면 대결해 격퇴시킴

· 주전 743년 서부 원정(웃시야의 서부연합군), 주전 738년 서부 원정, 주전 734-732년 르신-베가 동맹 차단을 위한 서부 원정

살만에셀 5세

· 호세아의 배반으로 사마리아 3년간 포위, 마지막 해에 죽고 아들 사르곤 2세가 사마리아 함락

Memo

● 우라르투 주전 860-585년

· 가장 수수께끼 같으며 무시할 수 없는 왕국, 반(Van) 호수를 근거지로 발전

· 영토 대부분이 높은 산맥과 좁은 계곡, 산악 요새 시스템 구축

· 창건자 사르두리 1세(주전 834-828년)와 후계자의 팽창주의(이 시기는 앗시리아의 80년간 이어진 쇠퇴기), 사르두리 2세(주전 753-735년) 때 전성기(앗시리아도 디글랏 빌레셀 3세의 전성기, 정면충돌로 패배함), 사르곤 2세가 우라르투 왕국 본거지를 쑥대밭으로 만듦, 이후 키메르족에 의해 멸망

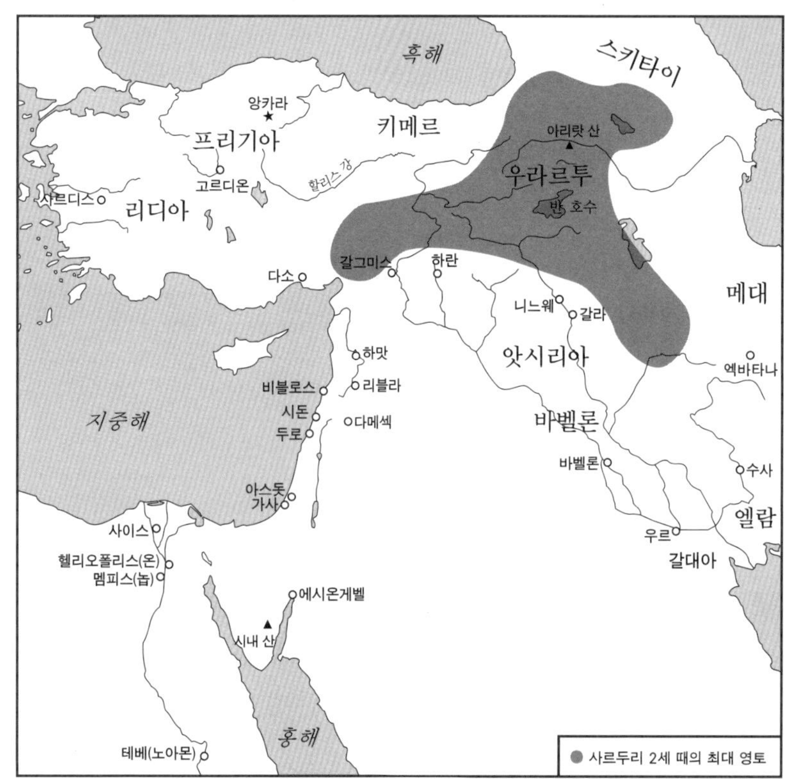

· 주전 7세기의 왕국들

● 이집트

· 23, 24왕조의 혼돈기

＊ 북이스라엘

살룸 주전 752년, 왕하 15:13-15

므나헴 주전 752-742년, 왕하 15:16-22

브가히야 주전 742-740년, 왕하 15:23-26

베가 주전 752-732년, 왕하 15:27-31

호세아 주전 732-722년, 왕하 17:1-41

＊ 남유다

아하스 주전 743-715년, 왕하 16장; 대하 28장; 사 7장

아람-북이스라엘 연합군의 유다 출정 왕하 16:5-9; 대하 28:16-21; 사 7장

Memo

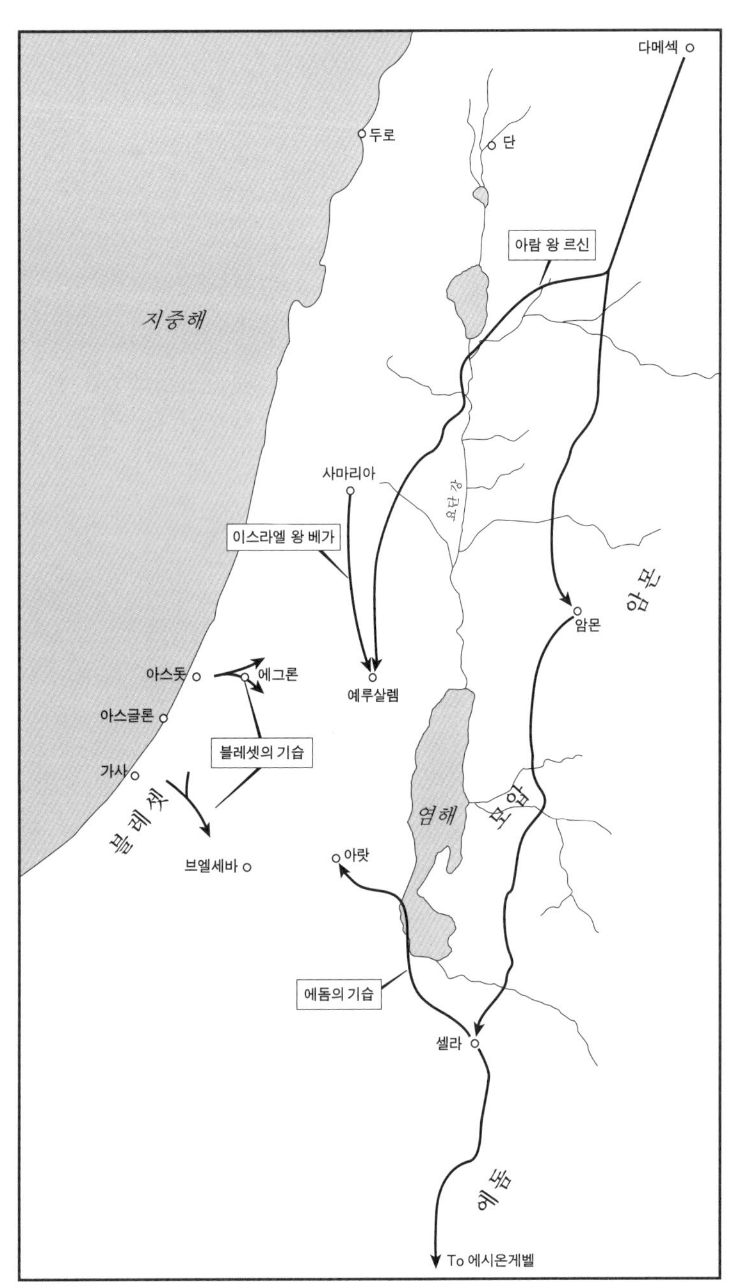

• 유다를 공격하는 아람과 북이스라엘, 블레셋, 그리고 에

Memo

디글랏빌레셀 3세의 출정

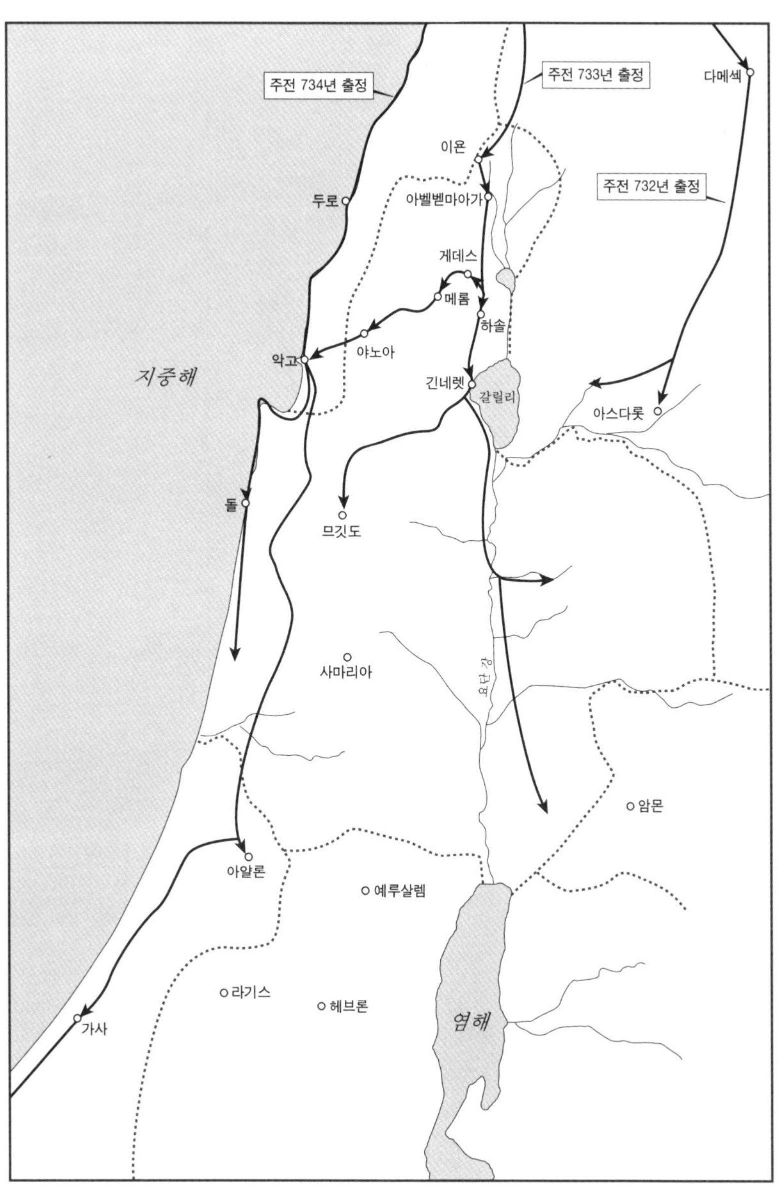

• 디글랏빌레셀 3세의 출정

디글랏빌레셀 3세 때 앗시리아의 행정구역

Memo

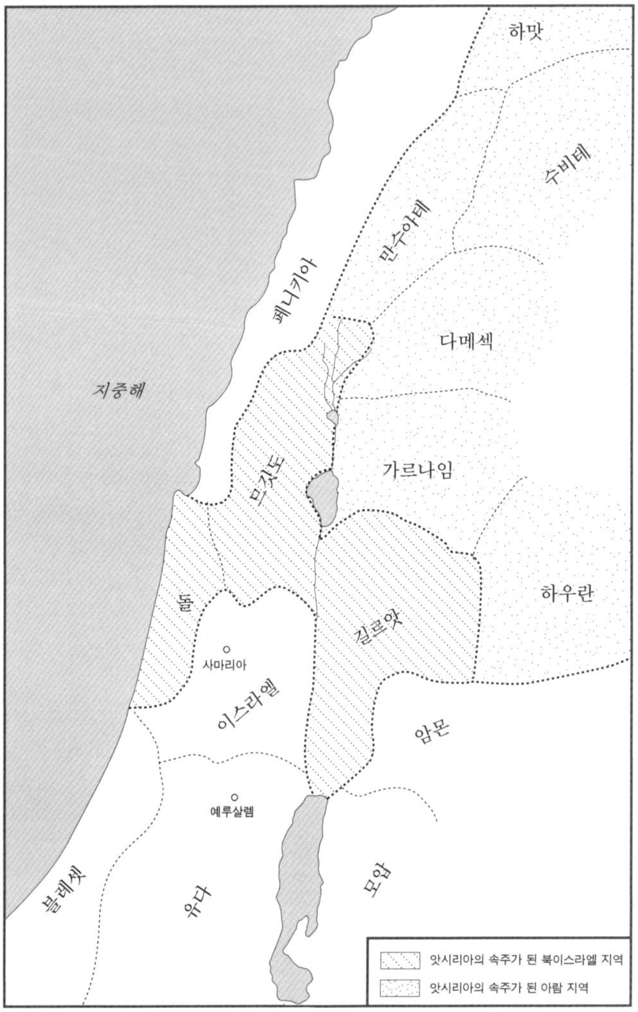

살만에셀 5세와 사르곤 2세의 출정 왕하 17:3-6

• 디글랏빌레셀 3세 때 앗시리아의 행정구역

Memo

• 사르곤 2세 때 앗시리아의 행정구역

앗시리아	**디글랏빌레셀 3세** 745-727; **살만에셀 5세** 727-722
	디글랏빌레셀 3세의 출정 (아람 멸망) 734-732; 살만에셀 5세의 출정 (북이스라엘 멸망) 724-722
북이스라엘	**살룸**; **베가** 752-732; **호세아** 732-722; **므나헴** 752-742; **브가히야** 742-740
	베가-르신 연합군의 아하스 침공
	750 — 740 — 730 — 720
남유다	**웃시야** 791-739; **요담** 750-731; **아하스** 743-715

ASIA
AFRICA

Part
11

풍전등화 같은 위기 앞에 서다

유다 왕국 시대

주전 722~605년

· 아람/북이스라엘의 완충지가 사라지고 초강대국 앗시리아와 국경을 접한 유다, 전무후무한 국가적 위기(히스기야 통치기)

· 주전 722년 북왕국이 무너지고 주전 605년 바벨론이 급부상하는 긴 시간

이 시기 박진감 넘치는 국제정세에서 4개의 파워는?

1. 전성기를 향해 무섭게 질주하는 앗시리아 제국
2. 메소포타미아 지역에서 차기 바통을 이어받기 위해 꿈틀거리는 신흥 바벨론 제국
3. 오랜 동면기를 끝내고 옛 강대국으로서의 면모를 회복한 이집트 제국
4. 하나님을 경외한 두 명의 걸출한 성군인 히스기야와 요시야를 배출하며 주변 강대국들에 맞서 만만치 않은 저력을 보여준 유다

Memo

Memo

● 앗시리아

사르곤2세 주전 722-705년

· 즉위하자마자 마르둑 아팔리디나(므로닥발라단)가 이끄는 바벨론 반란에 직면, 반란군에 참패하고 12년간 지배권 상실(주전 721-710년)

산헤립 주전 705-681년

· 즉위하자마자 바벨론(동)/두로(서)의 동시 반란, 이 틈에 히스기야의 반역

에살핫돈 주전 681-669년

· 서부 반란을 선동한 원흉인 이집트 정복(주전 671년)

앗수르바니팔 2세 주전 668-627년

· 이집트 반란 진압(주전 667년), 상부 이집트 정복(주전 663년)

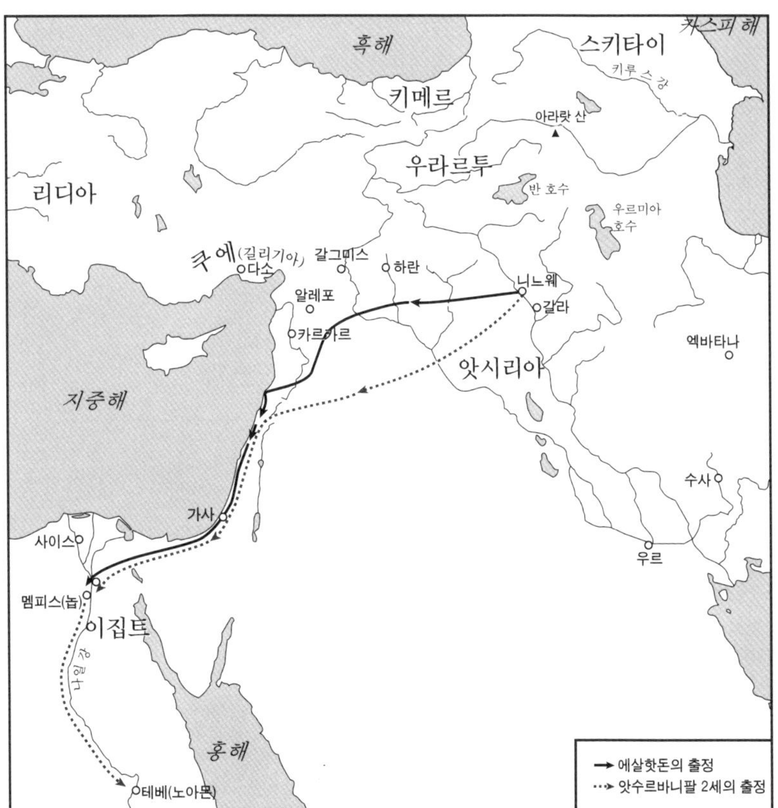

· 에살핫돈과 앗수르바니팔 2세의 출정

Memo

● 바벨론

· 주전 1530년 히타이트에 의해 멸망

· 주전 627년 앗수르바니팔이 죽고 왕자의 난(주전 627-624년), 이 틈을 이용해 주전 626년 나보폴라살이 신흥 바벨론 창건

● 엘람

· 주전 3000년경부터 근동 세계의 동쪽 국경 바깥에서 지속적으로 발전해온 강국

· 이 시기 바벨론과 동맹(또는 용병)해 앗시리아에 대항, 바벨론과 엘람 사이의 늪지대(앗시리아의 추격을 쉽게 피함)

● 메대 쿠르드족의 조상

데이오케스 주전 700-647년

· 메대를 통일하고 엑바타나에 수도

프라오르테스 주전 647-625년

· 주전 625년 불발로 그친 니느웨 습격 때 전사

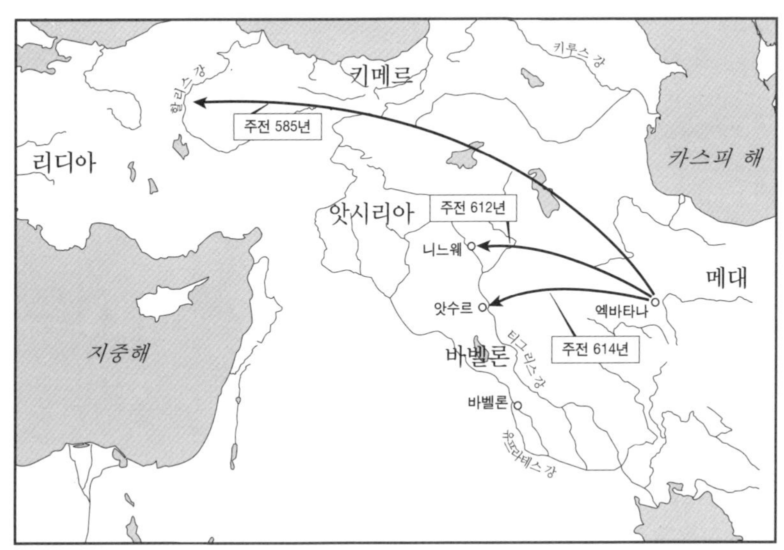

• 키약사레스 통치 때 메대의 팽창

Memo

키약사레스 주전 625-585년

· 군대를 재편성해 천하무적으로 만듬, 주전 614년 앗수르 점령, 주전 612년 바벨론 동맹군과 니느웨 함락

● 키메르족

· 고멜족의 후손, 노아-야벳-고멜

· 스키타이족의 압박으로 본고장인 우크라이나에서 쫓겨나 우라르투 왕국 안으로 밀려옴

· 주전 676년 에살핫돈이 키메르족 격퇴, 공격의 방향을 동쪽으로 바꿔 같은 해 프리기아 멸망, 주전 646년 리디아의 수도 사르디스(사데)도 약탈됨

● 스키타이족

· 파멸을 일삼는 아스그나스 사람, 신약에서도 야만족의 대명사(스구디아, 골 3:11)

· 주전 8-9세기경 동유럽과 남부 러시아에 걸치는 대제국

· 앗시리아와 동맹을 맺고 경쟁국인 메대와 키메르족을 제압

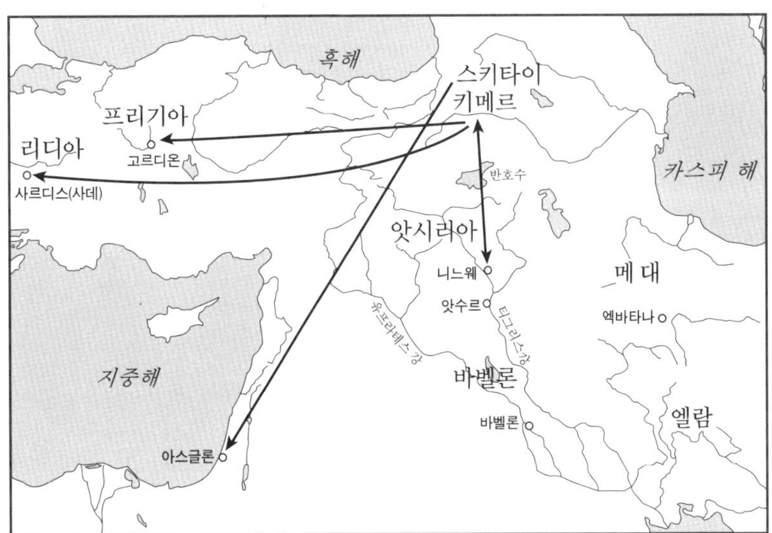

· 키메르족의 팽창

● 리디아

· 아나톨리아 동부와 서부의 프리기아/리디아

· 주전 1240년 히타이트 붕괴 후 신히타이트 도시왕국 중 하나로 등장, 수도 사르디스(사데)

· 기게스 왕 통치기인 주전 660년 최초로 금화 사용

· 당시 키메르족 침입으로 국가적 위기

● 프리기아

· 주전 8세기경 고르디온을 수도로 발전

· 우라르투 왕국과 장기적인 소모전, 주전 676년 키메르족에 멸망

· 마지막 왕 미다스(미다스의 손)

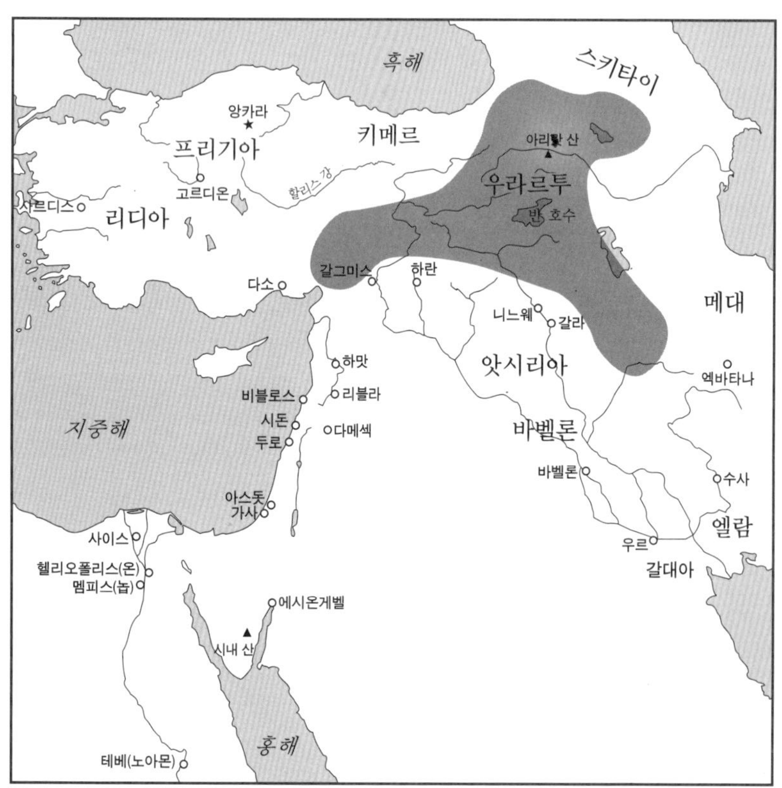

Memo

• 주전 7세기의 왕국들

Memo

● 이집트

25왕조 주전 716-663년: 에티오피아 왕조

1. 피예(주전 753-721년)

2. 샤바코(수전 721-706년)

3. 샤바트카(주전 706-690년)

4. 타하르카(성경에서는 디르하가)(주전 690-664년)

5. 탄타마니(주전 664-663년)

피예

· 이집트 파라오를 존경, 구원 요청을 받고 테프나크트를 굴복시키며 이집트 질서를 회복시킴

샤바코

· 테프나크트의 배신으로 이집트 원정 감행, 주전 716년 25왕조 창건

샤바트카

· 히스기야의 서부 반란을 선동하고 유다에 사절단을 보냄, 산헤립의 침공이 있자 동생 타하르카를 보냄

타하르카

· 앗시리아의 확실한 훼방꾼이 되며 서부 반란 조장, 주전 671년 에살핫돈의 멤피스 점령, 2년 후 다시 반란, 앗수르바니팔이 진군하자 남쪽으로 도망, 거기서 쓸쓸히 죽음

탄타마니

· 앗시리아에 대항해 지속적인 소요, 주전 663년 앗수르바니팔이 테베를 점령

Memo

26왕조 주전 656-525년: 사이스 왕조

1. 프삼메티쿠스 1세(주전 664-610년)
2. 네코 2세(주전 610-595년)
3. 프삼메티쿠스 2세(주전 595-589년)
4. 아프리에스(주전 589-570년)
5. 아마시스(주전 570-526년)
6. 프삼메티쿠스 3세(주전 526-525년)

프삼메티쿠스 1세

· 앗시리아에 복종을 서약한 12명 제후 중 하나, 그리스인 도움으로 창건된 26왕조, 이후 토착 이집트인과 그리스인 갈등으로 멸망

네코 2세 느고

· 므깃도에서 요시야를 전사시킨 왕

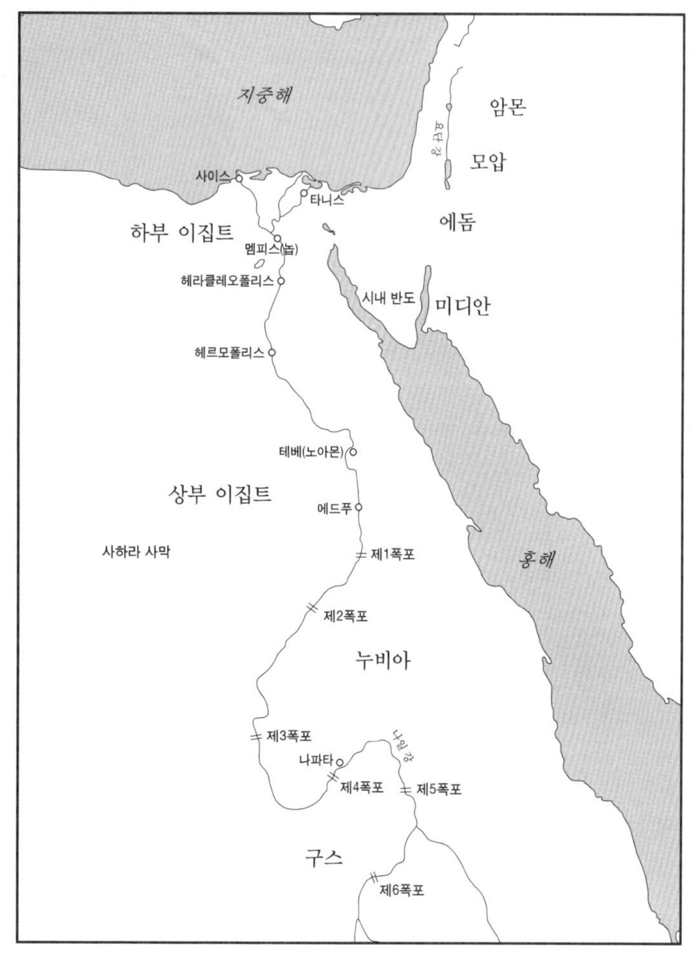

• 25왕조의 이집트

* 남유다

히스기야 주전 728-686년, 왕하 18-20장; 대하 29-32장; 사 20장; 36-39장

므낫세 주전 697-642년, 왕하 21:1-18; 대하 33:1-20

아몬 주전 642-640년, 왕하 21:19-26; 대하 33:21-25

요시야 주전 640-609년, 왕하 22:1-23:30; 대하 34, 35장

여호아하스 주전 609년, 왕하 23:31-33; 대하 36:1-3

앗시리아에 대한 히스기야의 반역

1. 사르곤 2세에는 순응정책(주전 722-705년, 사 20장)

Memo

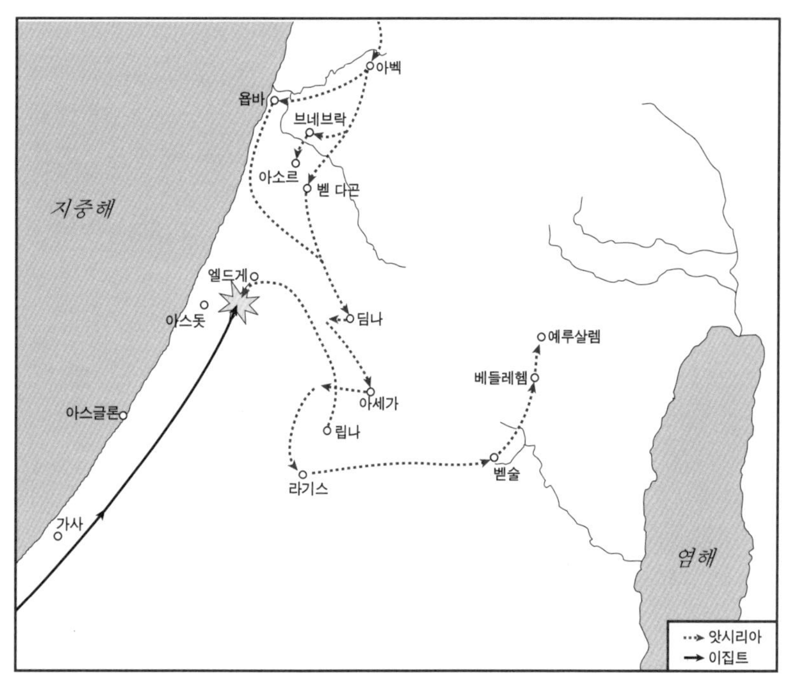

· 산헤립의 침입과 히스기야의 저항

Memo

2. 산헤립에는 강경정책(주전 705-681년, 왕하 18-20장; 대하 29-32장; 사 36-39장)

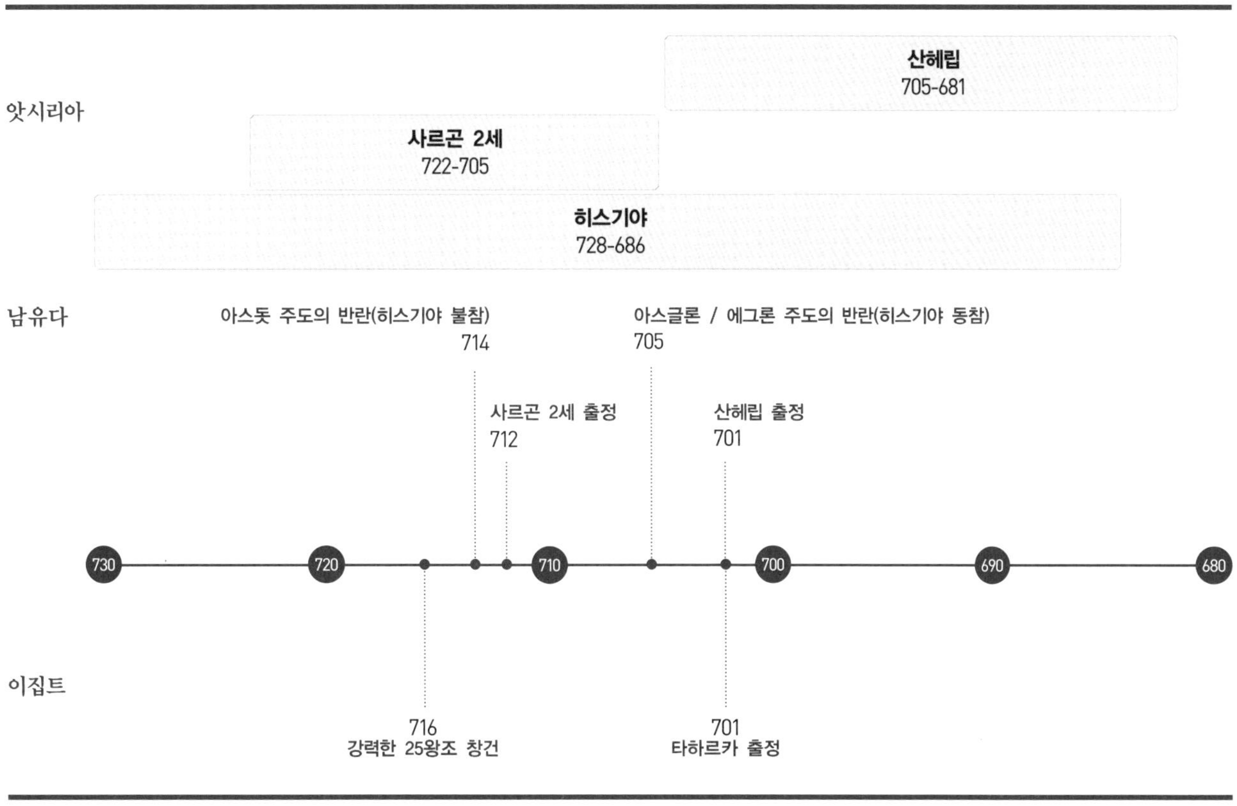

앗시리아

산헤립
705-681

사르곤 2세
722-705

히스기야
728-686

남유다

아스돗 주도의 반란(히스기야 불참)
714

아스글론 / 에그론 주도의 반란(히스기야 동참)
705

사르곤 2세 출정
712

산헤립 출정
701

730 720 710 700 690 680

이집트

716
강력한 25왕조 창건

701
타하르카 출정

Memo

● 주전 8세기 말-7세기 초 선지자

유다가 처한 정신적 위기

· 민족 종교인 여호와 신앙이 토대부터 흔들림, 여호와는 민족의 수호신쯤으로 여겨짐

· 솔로몬 성전은 국가신학의 충실한 시녀 역할

· 주전 8세기 말 국가 존립이 위태해지자 국가신학의 이데올로기에 근본적인 의문이 제기됨, 앗시리아의 신들이 여호와의 집에 들어올 수 있다면 여호와의 권능은?

· 두 종류의 상반된 반응, 국가신학에 대한 맹목적이고 광신적인 신뢰 & 비겁한 불신앙과 타협

선지자들과 국가신학

· 국가신학에 대한 재해석을 제시

· 징벌의 가능성 강조, 현재의 굴욕을 죄로 인한 하나님의 징벌로 해석(앗시리아는 여호와의 도구로 징벌의 회초리)

이사야

· 웃시야/요담/아하스/히스기야 통치기에 활동, 사역 기간은 주전 740-680년까지 60년 정도

· 세 가지 역사적 일화

6장, 웃시야가 죽던 해 부름받은 사건

7장, 아하스 통치기에 베가-르신 연합군 침공 사건

36, 37장, 히스기야 때 산헤립 침공 사건

· 크게 두 부분

1-39장, 유다와 주변 국가의 죄, 이사야가 살던 시기

Memo

40-66장, 심판이 임한 후 위로와 함께 메시아적 예언, 먼 미래의 시점

미가

· 요담/아하스/히스기야 통치기에 활동, 사역 연대는 주전 735-710년

· 전원 도시 모세렛가드 출신, 가난하고 소외된 자들에 대한 관심

● 앗시리아 제국의 멸망 제1부: 추락하는 것은 날개가 없다

· 주전 656년 이집트 독립(26왕조)

· 주전 652년 바벨론 반란(형 샤마시슘우킨)

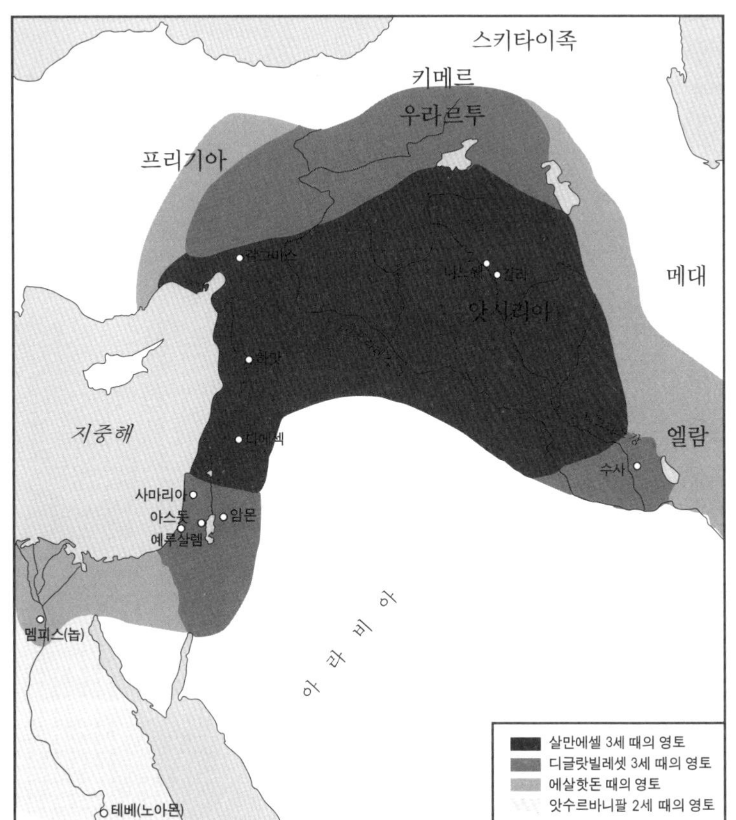

• 앗시리아의 영토

Memo

요시야의 종교개혁과 통일 왕하 22:1-23:28; 대하 34:1-35:19

• 요시야 통치기의 유다 영토

앗시리아 제국의 멸망 제2부: 어제의 적이 오늘의 동지

· 주전 627-624년 왕자의 난(신사르이스쿤-앗수르에틸일라니)

· 주전 626년 신흥 바벨론 창건(나보폴라살)

· 주전 625년 메대의 니느웨 습격(프라오르테스 전사)

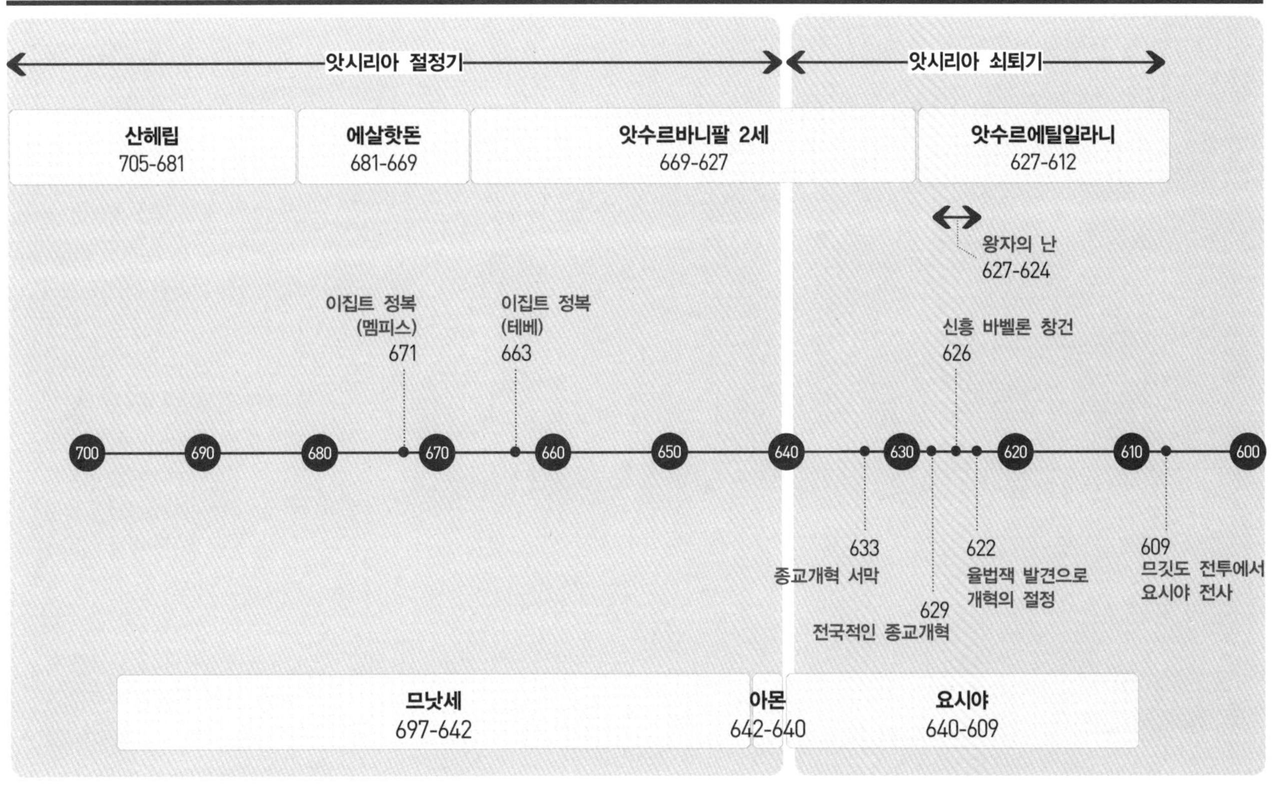

Memo

· 주전 616년 이집트군의 바벨론 군대 저지(프삼메티쿠스 1세)

· 주전 614년 메대의 앗수르 점령

· 주전 612년 바벨론-메대 연합군의 니느웨 점령

· 주전 610년 바벨론-메대 연합군의 하란 점령

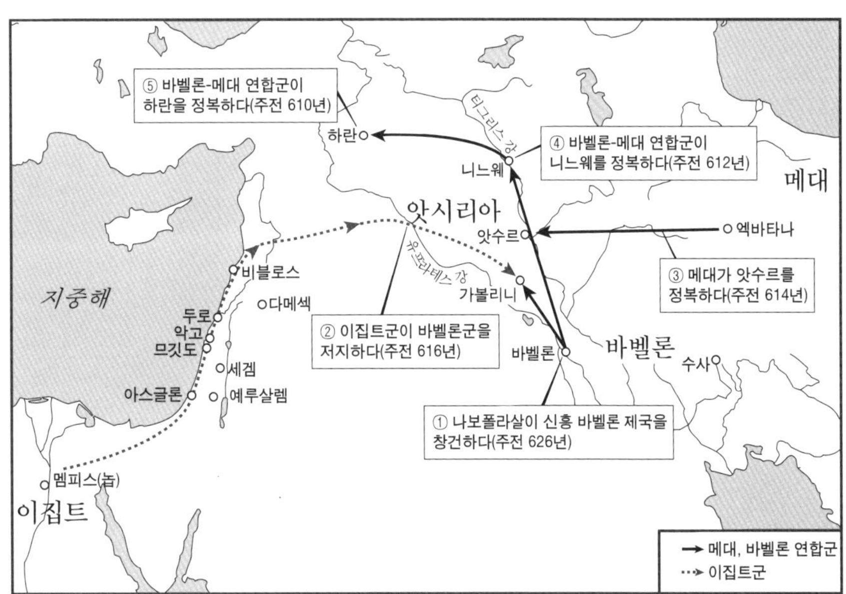

• 붕괴로 치닫는 앗시리아 제국

1차 갈그미스 전투 주전 609년, 왕하 23:29-37; 대하 35:20-36:5

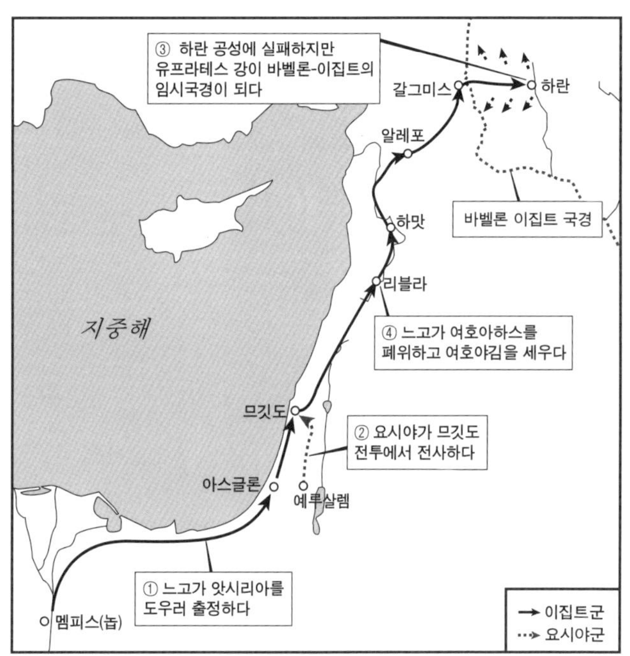
③ 하란 공성에 실패하지만
유프라테스 강이 바벨론-이집트의
임시국경이 되다
갈그미스
하란
알레포
하맛
바벨론 이집트 국경
리블라
지중해
④ 느고가 여호아하스를
폐위하고 여호야김을 세우다
므깃도
② 요시야가 므깃도
전투에서 전사하다
아스글론
예루살렘
① 느고가 앗시리아를
도우러 출정하다
멤피스(놉)
이집트군
요시야군

Memo

* 요시야는 왜 느고를 막으러갔을까?

"느고가 요시야에게 사신을 보내어 이르되 유다 왕이여 내가 그대와 무슨 관계가 있느냐 내가 오늘 그대를 치려는 것이 아니요 나와 더불어 싸우는 족속을 치려는 것이라 하나님이 나에게 명령하사 속히 하라 하셨은즉 하나님이 나와 함께 계시니 그대는 하나님을 거스르지 말라 그대를 멸하실까 하노라 하나 요시야가 몸을 돌이켜 떠나기를 싫어하고 오히려 변장하고 그와 싸우고자 하여 하나님의 입에서 나온 느고의 말을 듣지 아니하고"

대하 35:21-24

Memo

1차 갈그미스 전투의 여파 주전 609-605년

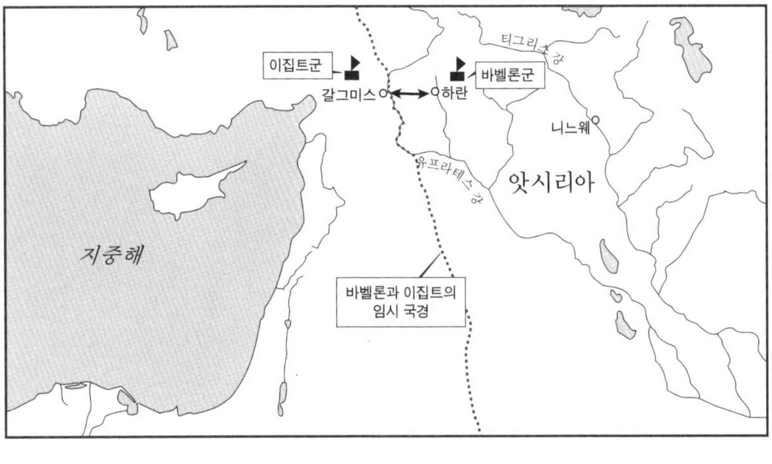

• 대치 중인 이집트군과 바벨론군

Memo

● 주전 7세기 선지자

· 주전 630-600년경 활동, 나훔/스바냐/하박국, 예레미야(왕국 멸망 이후에도 활동한 예레미야는 별도로 다룸)

나훔

· 노아몬 멸망을 과거 일로 언급(주전 663년), 니느웨 멸망을 미래 일로 언급(주전 612년), 둘 사이의 기나긴 시간?

· 요시야 통치기에 사역한 스바냐와 나훔이 비슷한 시기에 사역했을 것으로 추정, 주전 630년 이후에 시작?

· 요나의 사역보다 150년 후, 나훔/요나 모두 니느웨 사역

스바냐

· 요시야 통치기, 니느웨 멸망을 미래 사건으로 언급

· 4대 걸친 조상을 언급(히스기야/아마랴/그다랴/구시, 왕가의 후손?)

하박국

· 느부갓네살이 예루살렘을 침공할 무렵(주전 605년) 바벨론 침공을 예언하면서 임박한 사건임을 암시

· 극악한 죄에 대한 상황은 요시야 통치기보다는 여호야김 시대와 어울림

· 하나님의 거룩하심과 공의

Part 12

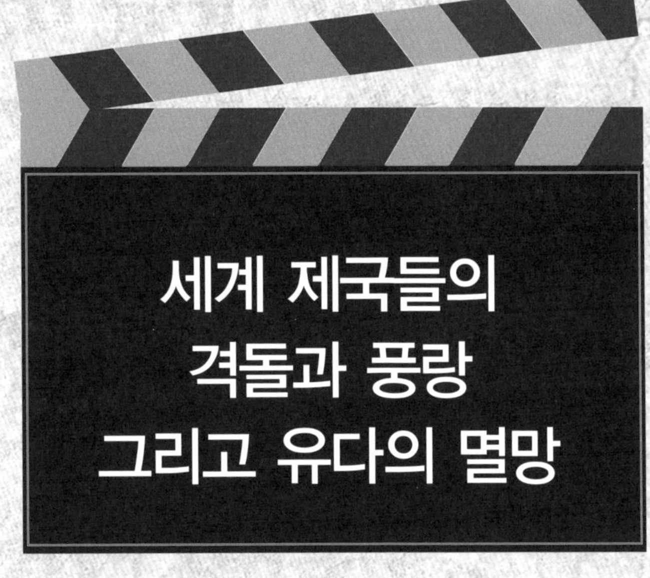

세계 제국들의 격돌과 풍랑 그리고 유다의 멸망

바벨론 시대: 유다 멸망과 바벨론 포로기

주전 605~539년

· 2차 갈그미스 전투부터 바벨론 멸망까지

1. 바벨론 지배 하의 유다 주전 605-597년

2. 유다 왕국의 최종적 멸망 주전 597-586년

3. 왕국 멸망 후부터 느부갓네살 사망까지 주전 586-562년

4. 느부갓네살이 죽고 바벨론이 멸망하기까지 주전 562-539년

Memo

1. 바벨론 지배 하의 유다 주전 605-597년

2차 갈그미스 전투: 1차 포로

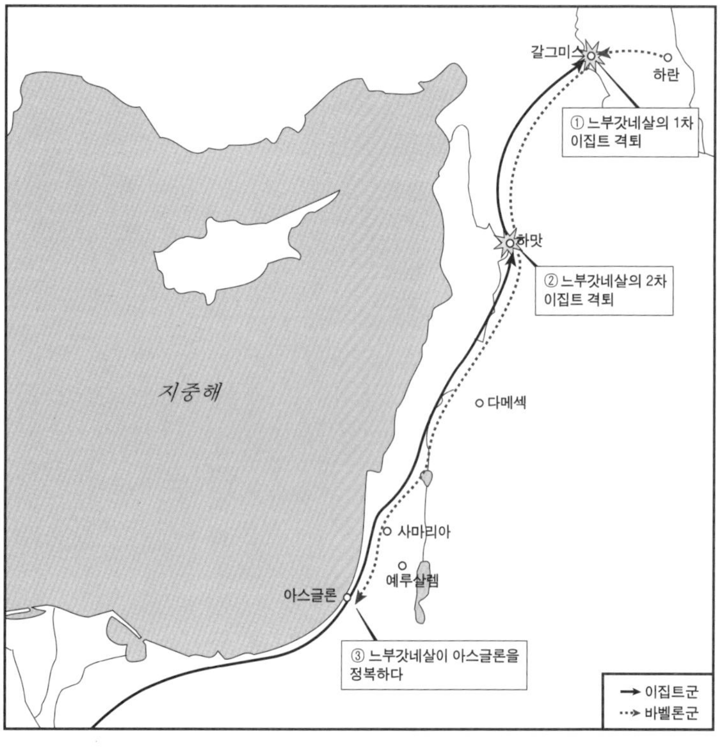

· 2차 갈그미스 전투

Memo

바벨론 지배 하의 유다

여호야김 주전 609–597년, 왕하 23:34–24:7; 대하 36:4–8

· 이집트에 소망을 걸고 바벨론에 반기(주전 601년 국경에서 바벨론-이집트 대규모 충돌, 하지만 무승부, 즉시 조공 거부하며 반기를 듬)

· 우선 바벨론 분견대를 보내고 주전 598년 12월 직접 출정한 느부갓네살, 그 달에 여호야김은 암살되고 아들 여호야긴이 즉위

여호야긴 주전 597년, 왕하 24:8–16; 대하 36:9, 10

· 석달 후 항복하고 시드기야가 왕이 됨, 에스겔 등과 함께 포로로 잡혀감(2차 포로)

다니엘

· 주전 605년의 1차 포로, 고레스 왕 3년에 환상(단 10:1, 이때는 주전 536년), 무려 69년간 바벨론 유수 생활

· 다니엘을 통한 세 가지 일

1. 이방 땅에서 자신의 존엄성을 유지하는 도구로 사용(다니엘만 해석한 꿈들/풀무불 사자굴에서 구원)
2. 포로로 잡혀온 동족의 복지에 신경을 씀
3. 미래의 일에 대한 환상

· 아람어(단 2:4-7:28, 이방 세계에 대한 부분)/히브리어(나머지, 유대인 관련 부분)

Memo

2. 유다 왕국의 최종적 멸망 주전 597-586년

시드기야 1부: 주전 597년 이후의 유다 왕하 24:17-25:21; 대하 36:11-21; 렘 27-29장

- 시국을 알지 못하는 광신적 애국주의자들, 약골 중의 약골 시드기야
- 백성은 여전히 여호야긴을 합법적인 왕으로 생각, 자신은 바벨론이 지명한 봉신
- 주전 595년 바벨론의 폭동, 주전 594년 유다에도 불똥

시드기야 2부: 예루살렘의 파괴와 3차 포로 왕하 25:1-21; 대하 36:11-19; 렘 37-39장

- 주전 589년 무모한 도박(이집트에서 새로 즉위한 아프리에스의 지원?), 두로/암몬 가담, 예레미야와 수차례 의논했지만 광신적 애국주의자의 성화에 견디지 못한 시드기야
- 신속하고 무자비한 바벨론의 응징, 주전 588년 1월부터 예루살렘 봉쇄, 라기스 서신
- 여름에 이집트 군대 진격으로 예루살렘 포위망이 잠시 풀림, 안도의 숨을 쉴 때 예레미야는 최악의 사태를 예고, 이집트 군대는 격퇴되고 포위는 재개됨
- 주전 586년 7월 예루살렘 함락, 암몬으로 피신하려던 시드기야는 여리고 근처에서 잡혀 리블라 사령부로 끌려감, 한 달 후 근위대장 느부사라단이 도성에 불을 지름

· 라기스 서신

Memo

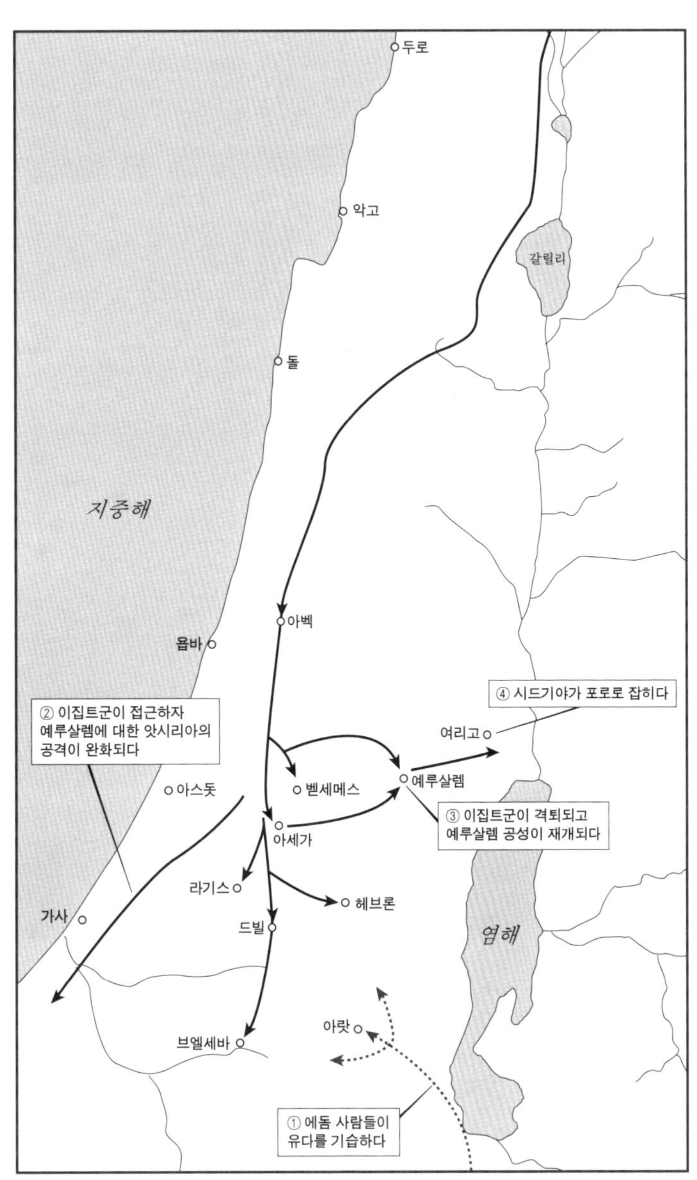

• 예루살렘의 파괴와 3차 포로

Memo

에필로그: 예루살렘 멸망 그 이후, 4차 포로 왕하 25:22-26; 렘 40-44장

· 유다는 바벨론 속주에 편입

· 귀족 출신 그달리야가 미스바에서 총독으로 통치, 왕족 이스마엘 일당에게 암살됨, 암살범들은 성공적으로 암몬 땅으로 도주, 남은 자들은 바벨론의 복수가 두려워 예레미야와 함께 이집트로 도망

· 주전 582년에 4차 포수, 유다는 사마리아 속주에 통합됨

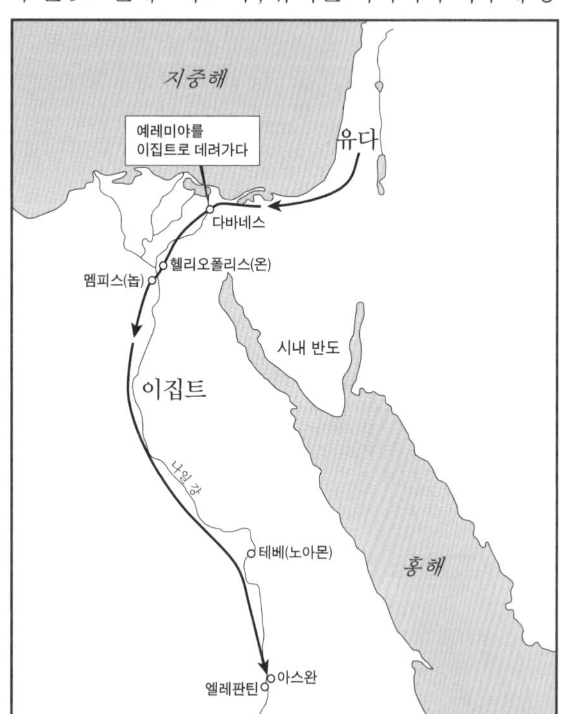

· 프삼메티쿠스 2세의 누비아 출정과 유대인 포로들의 이집트 정착

한편 이집트에서는

프삼메티쿠스 2세 주전 595-589년:

· 누비아 출정, 이즈음 엘레판틴에 유대 식민공동체 배치(?)

아프리에스 주전 589-570년, 호브라:

· 멤피스 통치, 유다를 돕기 위해 주전 588년 소규모 병력 파병

Memo

● 주전 6세기 선지자들

1. 위기에 처한 국가신학

· 국가 멸망과 성전 파괴라는 전대미문의 사건 앞에 국가신학도 존폐의 위기에 처함

· 시국이 암담할수록 백성은 국가신학에 더 필사적/광신적으로 매달림

2. 선지자들과 이스라엘의 미래

· 그릇된 소망을 가차없이 꺾고 임박한 재난이 여호와의 주권적이고 공의로운 심판이라고 선언, 신앙에 입각해 비극을 앞서서 설명해 비극으로 신앙이 파괴되는 것을 막음(예방주사)

· 모든 백성이 자동적으로 소속되는 국가적/제의적 공동체 대신에 개인의 결단과 회개를 통한 새로운 공동체의 출현을 예고(국가라고 하는 거대한 틀이 사라진 후에도 존속 가능한 터전을 제시)

· 제의보다 내면의 정화가 중요함을 강조, 제의가 사라진 상황에서 신앙생활해야 할 날에 대한 준비?

· 포로기에도 전심으로 찾으면 여호와를 만날 것이라는 소망, 바벨론 포로기는 과도기이고 이후 새로운 미래가 열린다.

Memo

예레미야

- 나훔/스바냐/하박국과 함께 주전 7세기부터 사역, 주전 627-580년까지, 제사장 힐기야의 아들로 제사장 성읍인 아나돗(아비아달의 후예?) 태생
- 세 개의 시기
  1. 요시야 통치기: 가장 행복했던 시기, 나훔/스바냐와 함께 요시야 개혁에 영향력 행사
  2. 여호야김/여호야긴/시드기야 통치기: 극심한 반대와 고통의 시기, 바벨론의 3차례 공격, 유다가 멸망한다는 인기 없는 메시지 선포
  3. 예루살렘 함락 이후: 백성과 함께 이집트로 망명

에스겔

- 주전 597-571년

Memo

3. 왕국 멸망 후부터 느부갓네살 사망까지 주전 586-562년

- 예루살렘 도성과 성전의 파괴는 커다란 분수령이 된 사건(국가가 파괴되고 국가제의가 중단됨)
- 그런데 이스라엘 역사는 놀랍게도 끝이 아니었음(재난을 이기고 살아남음)

느부갓네살의 통치 말기

- 주전 585년, 할리스 강을 국경으로 하는 리디아와 평화 조약(느부갓네살의 중재)
- 주전 585년, 13년간 두로 포위공격(함락에는 실패)
- 주전 582년, 유다 침공해 4차 포수
- 주전 568년, 이집트의 혼란(주전 570년)을 틈타 이집트 침공

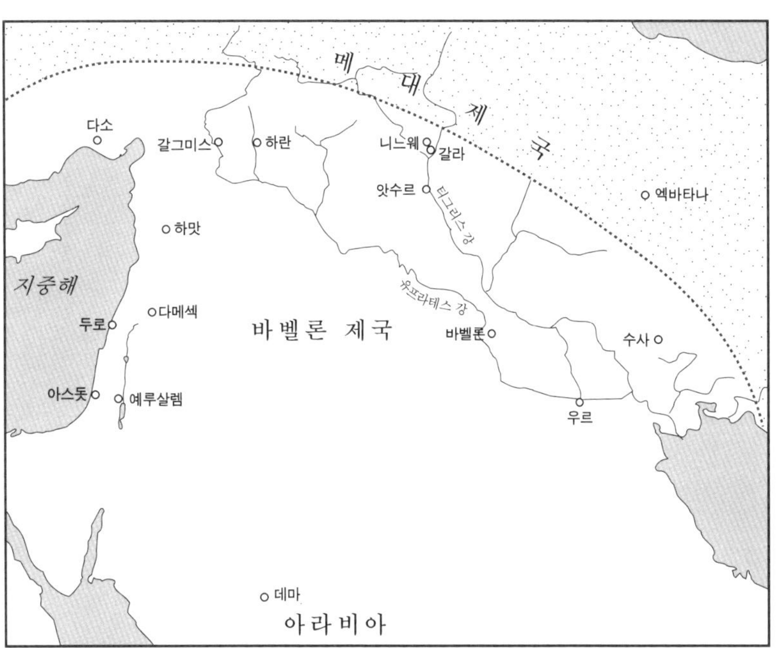

• 메대와 바벨론

유다 땅에 남은 사람들

- 요새화된 도시는 철저히 파괴, 처참한 인구밀도, 사마리아 속주에 통합됨
- 검게 그을린 잿더미에서 희생제물을 드림
- 남쪽 지역은 아랍의 압박으로 고향에서 밀려난 에돔 족속의 유입(신약시대의 이두메)

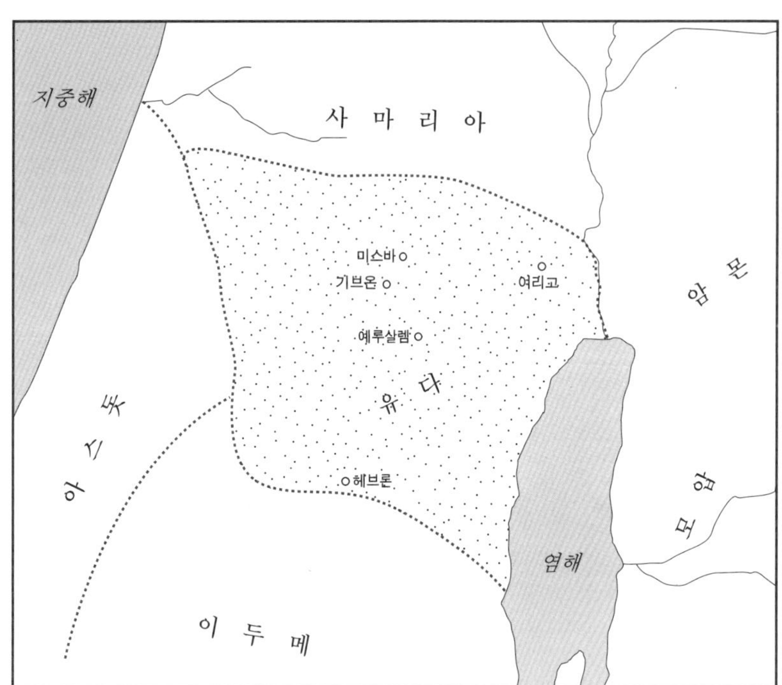

Memo

· 유다의 규모

Memo

바벨론 포로들

· 유다 왕국에서 정치적/종교적/지성적으로 지도층 인물들, 세 차례 포수의 총수는 4,600명(렘 52:28-30)

· 일부는 주전 595년 소요사건에 연루되어 보복당함, 주전 592년 이후 여호야긴도 반역사건에 연루되어 감옥에 갇힘. 이외에 특별한 고초를 겪은 기록은 없고 세월이 지나며 장사를 하고 부자가 된 사람도 출현

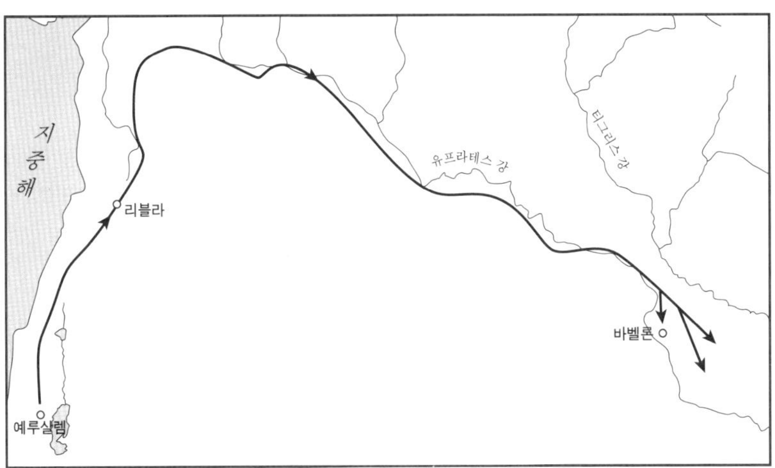

· 포로로 끌려간 유다 백성

이집트와 그밖의 지역 사람들

· 자발적으로 고국을 등진 사람들도 상당수? 마지막 세기에 이집트로 망명 또는 용병 형태로 이주, 예레미야를 데리고 떠난 일단의 무리는 국경 근처의 다바네스에 정착

· 제1폭포 근처의 엘레판틴 섬의 유대인 공동체(프삼메티쿠스 2세에 의해 건설?)

· 이외 에돔/모압/암몬으로도 피신

· 이 시기 이후 유대 역사에서 거역할 수 없는 흐름인 디아스포라가 시작됨

Memo

포로생활과 이스라엘의 신앙

- 민족의 재난에 앞서 신학적 해명과 미래를 위한 소망의 불꽃을 제시한 예레미야와 에스겔
- 국가 멸망과 성전 파괴가 여호와의 의로운 심판이라고 끊임없이 선포, 바벨론 포수는 당연한 징벌이자 새로운 미래를 위한 정화의 과정, 포로기에도 함께하시는 하나님에 대한 소망을 제시
- 실제로 새로운 공동체가 출현, 국가적/제의적 공동체가 아니라 율법에 대한 순종을 특징으로 하는 새로운 공동체, 율법에 대한 순종을 강조

귀환의 소망

- 남겨진 자들은 포로기를 과도기로만 이해
- 에스겔 40-48장에 묘사된 하나님 나라, 옛 지파 체제를 이상적으로 수정한 신정국가, 신앙 속에만 있던 새예루살렘에 관심이 집중됨.

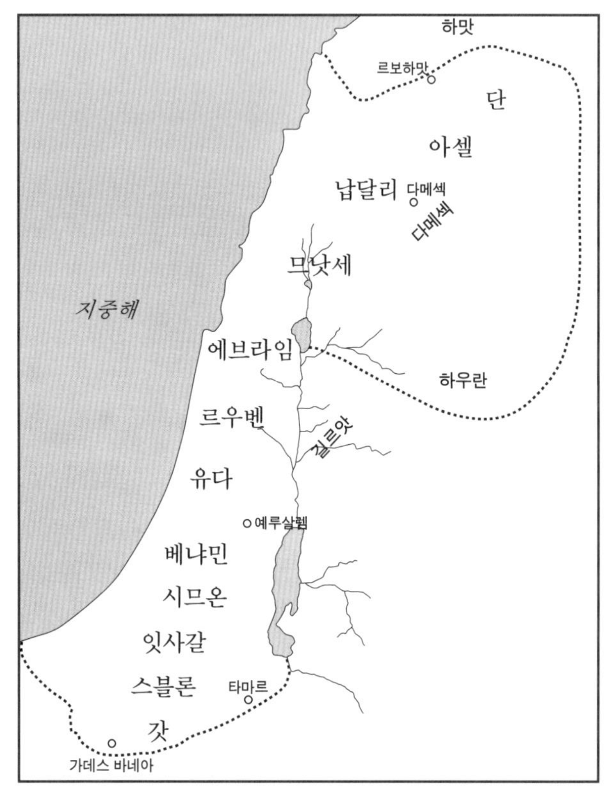

· 회복된 지파들에 대한 에스겔의 환상

Memo

4. 느부갓네살이 죽고 바벨론이 멸망하기까지 주전 562-539년

아멜 마르둑 주전 562-560년

· 느부갓네살의 아들, 여호야긴을 감옥에서 풀어준 에윌므로닥(왕하 25:27-30), 재위 2년만에 네리글리살에 암살됨

네리글리살 주전560-556년

· 바벨론 군관 네르갈사레셀(렘 39:3; 13), 느부갓네살의 사위, 4년만에 자연사

라바시마르둑 주전 556년

· 네리글리살의 아들, 하란 출신의 아람인 나보니두스에 암살됨

나보니두스 주전 556-539년

· 달의 신 '신(Sin)'의 광신자, 바벨론 만신전에서 신을 최고 지위로 높이자 마르둑 제사장 반발, 이후 아라비아 사막의 데마 오아시스에 10년간 머물고 정사는 아들 벨사살(단 8:1)에 맡김

Memo

고레스의 등장

- 아스티게스(주전 585-550년)는 약화된 바벨론을 수시로 공격, 고레스 반란에 내심 쾌재를 부른 나보니두스(?)
- 주전 550년 수도 엑바타나를 점령하고 메대 제국을 고스란히 접수하자 상황이 달라짐, 바벨론은 이집트/리디아와 방위동맹 체결, 주전 546년 리디아 합병
- 바벨론에게는 몇 년의 유예기간이 주어짐, 고레스가 원정의 방향을 남쪽이 아니라 동쪽으로(아프칸), 몇 차례 군사작전으로 가장 광대한 영토를 차지한 고레스, 바벨론 점령은 단지 시간 문제

바벨론 붕괴

- 바벨론 붕괴는 신속히 너무도 쉽게 찾아옴, 엘람 총독 고브리아스는 고레스에 자진 투항
- 바벨론을 날릴 결정타는 주전 539년 티그리스 강변의 오피스에서…
- 그해 10월 고브리아스의 바벨론 무혈입성, 수주 후 고레스는 해방자로 열렬한 환영 속에 입성
- 고레스의 특별 명령에 따라 아무런 파괴도 없었음(통치 코드 '관용'), 지방 신상들은 원위치로, 나보니두스의 말썽 많은 개혁조치들은 일순간에 폐지됨
- 고레스는 마르둑 예배에 참석하고 자신이 마르둑 신의 지명으로 바벨론의 합법적인 통치자라고 선언, 아들 캄비세스를 바벨론 왕으로 임명, 고레스 원통비문

• 바벨론에서 발견된 고레스 원통 비문

Memo

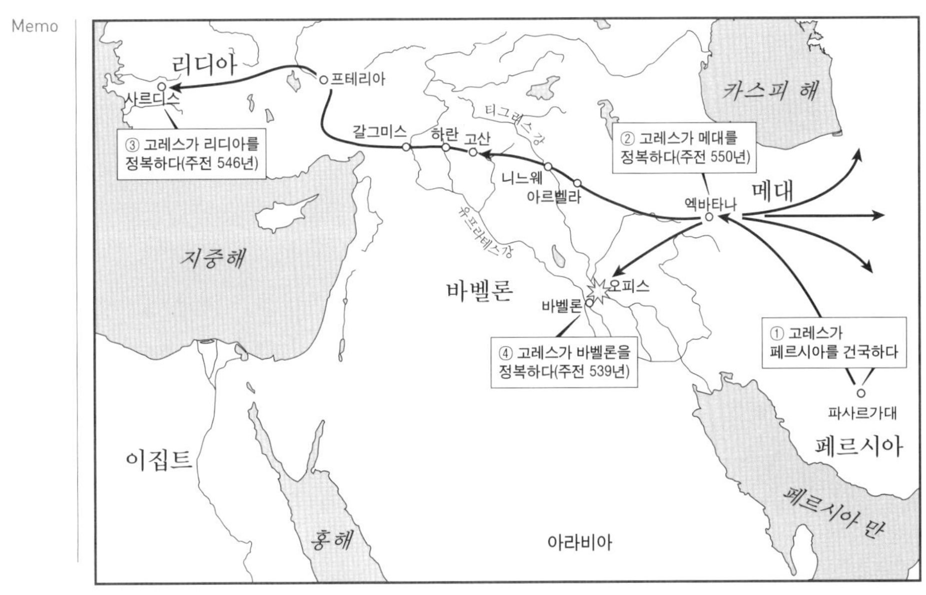
리디아
프테리아
사르디스
③ 고레스가 리디아를 정복하다(주전 546년)
갈그미스
하란
고산
티그리스 강
② 고레스가 메대를 정복하다(주전 550년)
카스피 해
니느웨
아르벨라
엑바타나
메대
지중해
유프라테스 강
바벨론
오피스
바벨론
④ 고레스가 바벨론을 정복하다(주전 539년)
① 고레스가 페르시아를 건국하다
파사르가대
페르시아
이집트
홍해
아라비아
페르시아 만

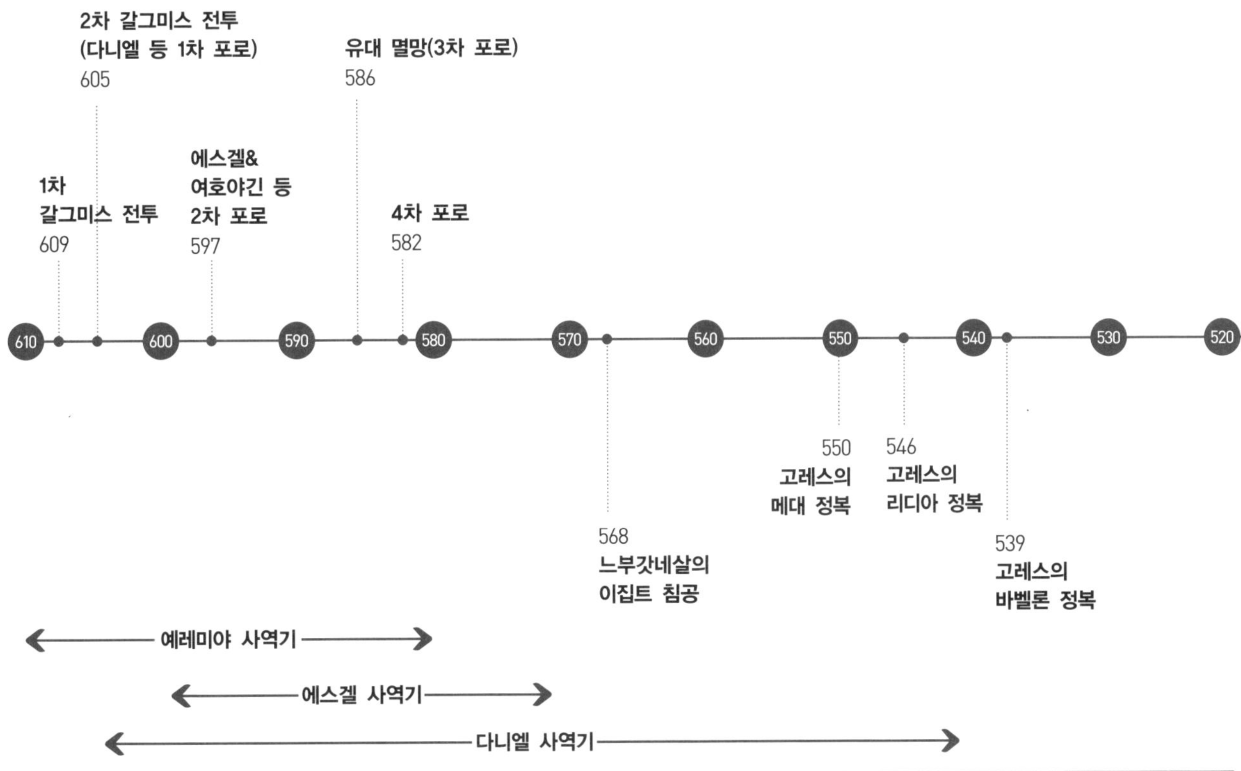
2차 갈그미스 전투 (다니엘 등 1차 포로) 605
유대 멸망(3차 포로) 586
1차 갈그미스 전투 609
에스겔& 여호야긴 등 2차 포로 597
4차 포로 582
610
600
590
580
570
560
550
540
530
520
568 느부갓네살의 이집트 침공
550 고레스의 메대 정복
546 고레스의 리디아 정복
539 고레스의 바벨론 정복
예레미야 사역기
에스겔 사역기
다니엘 사역기

Memo

해방전야: 이스라엘의 신앙에 대한 선지자들의 재해석

· 급변하는 정세에서 잠재해 있던 해방에 대한 소망과 억눌려 있던 신앙에 대한 의구심들이 봇물처럼 쏟아짐

· 여호와는 진정 세상 역사를 주관하며 최종적으로 승리의 결말로 이끄실 것인가?

· 이 부분에 대한 해답은 이사야 후반부(40-66장)가 제시

· 다윗 왕조의 단순한 회복이 아니라 그 너머에 여호와의 통치로 인한 최종적인 승리를 예언, 그 통치는 유대인뿐 아니라 이방인에게도 미침. 열방이 하나님께 돌아올 것임. 고레스도 하나님을 인정하게 될 것을 기대

Part 13

위대한 정복자와 포로의 귀환

페르시아 시대: 포로 귀환기

주전 539~331년

- 주전 600-500년은 근동의 격변기. 초반에는 4대 세력(이집트/메대/바벨론/리디아), 중반에 페르시아라는 복병이 모두 접수함
- 유대인들은 이 기회를 포로생활 종식과 국가재건이라는 새로운 기회로 활용

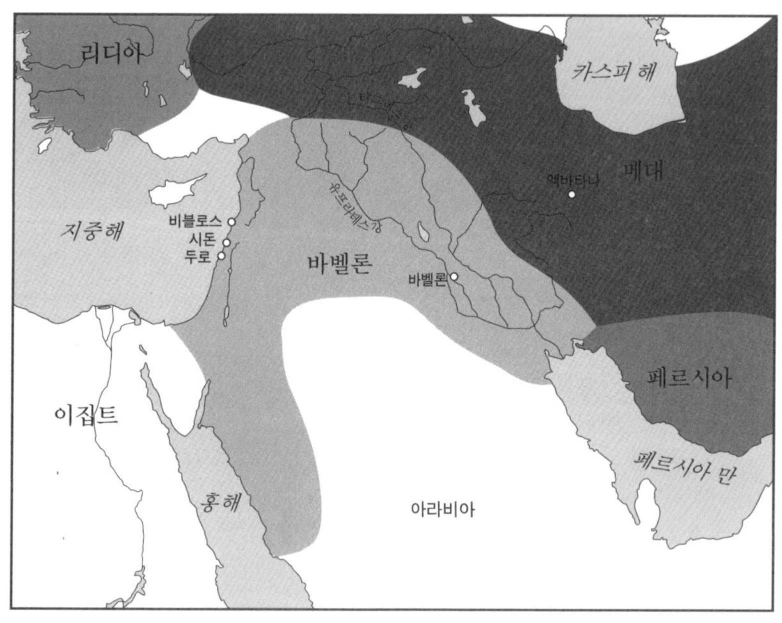

Memo

- 주전 6세기 초의 근동

페르시아 제국의 왕들

고레스(주전 559~530년)

캄비세스 2세(주전 530~522년)

다리우스 1세(주전 522~486년)

크세르크세스 1세(주전 486~465년)

아닥사스다 1세(주전 465~425년)

크세르크세스 2세(주전 423년)

다리우스 2세(주전 423~404년)

아닥사스다 2세(주전 404~359년)

아닥사스다 3세(주전 359~338년)

아르세스(주전 338~336년)

다리우스 3세(주전 336~331년)

Memo

1. 고레스 주전 559-530년

고레스와 관련된 출생의 비밀

리디아 정복 스토리

• 솔론

1차 귀환

- 1차, 주전 538년, 고레스, 세스바살 주도
- 2차, 주전 458년, 아닥사스다, 에스라 주도
- 3차, 주전 444년, 아닥사스다, 느헤미야 주도

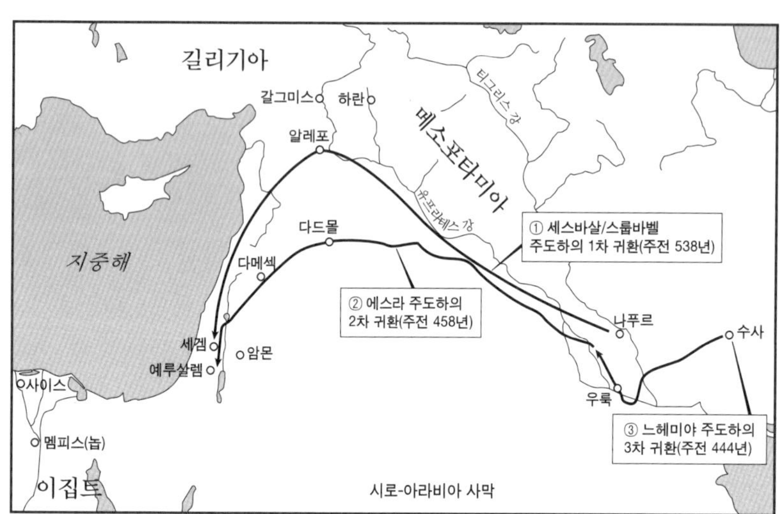

Memo

- 3차에 걸친 유대인 포로들의 귀환

귀환 스 1, 2장

- 왕족 세스바살(여호야긴 아들 세낫살) 주도, 노비 7,337명 외에도 42,360명, 대담하고 열정적인 소수만 동참
- 조카이자 후임인 스룹바벨의 행적과 겹쳐서 기록, 곧 성전 재건에 착수하고 제의가 시작됨

Memo

성전 건축과 대적들의 반대 스 3, 4장

- 귀환 첫해 7월 희생제사, 이듬해 2월 성전의 기초를 놓는 기념 행사, 이전 솔로몬 성전 영광을 본 사람들은 보잘것없는 규모에 대성통곡
- 사마리아인들의 반대/성전보다 집과 농사에 더 관심, 이후 기초만 놓고 16년(주전 520년까지)간 방치됨

● 캄비세스 주전 530-522년

- 바벨론에서 수년간 통치수업을 받고 있던 만아들 캄비세스 즉위
- 간질 환자로 동생 스메르디스를 죽이고 즉위
- 8년 치세 중 업적은 이집트 정복(주전 525년)

이집트에서는

Memo

아마시스 주전 570-526년

· 그리스 애호가(델포이 신전 및 많은 신전의 재건에 막대한 기부, 아내도 구레네 출신 그리스인)

· 음주와 향연을 즐긴 바람둥이

· 사이스 남서쪽에 나우크라티스에 그리스 인들을 위한 정착촌(이집트 본토인/그리스인을 모두 만족시킨 정치적 걸작품)

· 26왕조의 이집트

프삼메티쿠스 3세 주전 526-525년

· 캄비세스 공격으로 26왕조 종말

Memo

● 다리우스 1세 주전 522-486년

· 주전 522년 제국을 뒤흔든 일련의 소요(가우마타의 반란)

· 측근 군관이자 방계 왕족인 다리우스가 군대의 전폭적 지지를 받고 즉위

· 가우마타 처형, 하지만 반란은 전 지역으로 확산, 초기 2년간 전선의 곳곳을 동분서주, 이 시기에 유다 공동체에도 불똥이 튀며 동면하고 있던 소망이 깨어남

메시아의 소망과 약동: 학개와 스가랴의 활동

· 당시의 소요를 여호와의 결정적인 개입의 전주곡으로 보고 성전 재건을 촉구한 학개/스가랴

· 다윗 언약으로 거슬러 올라가 그 약속들의 성취가 임박했다고 천명, 흥분되고 고무된 유대 공동체는 성전 재건에 본격적 착수

· 학개는 여호와의 집은 폐허로 방치한 채 자신들의 집에 안주하는 백성들의 나태와 무관심을 신랄하게 공격. 여호와께서 다시 시온을 거처 삼아 통치를 재개할 것을 확신한 그는 성전 완공이야말로 가장 시급하고 중차대했음. 성전 규모가 초라해 실망하자 여호와께서 곧 열방들을 무너뜨리고 성전을 그들의 보화로 가득 채워 이전의 솔로몬 성전보다 화려하게 꾸밀 것이라고 약속

· 스가랴는 다리우스의 승리로 소요가 평정될 즈음에 활동. 신비적 형태의 기록(후대 묵시문학의 선구자), 소요를 여호와의 임박한 개입을 알리는 징표로 해석, 바벨론 거주 유대인들이 속히 시온으로 돌아가야 한다고 촉구, 다리우스가 평정한 후에도 열방의 붕괴는 단지 늦추어졌을 뿐 곧 닥칠 것이라고 선언, 성전은 여호와의 왕적 통치의 중심이므로 성전 완공은 그에게도 가장 시급한 일, 예루살렘은 이방인들이 몰려와 발디딜 틈도 없을 것이라고 선언

· 이들의 대담하고 선동적인(페르시아 입장에서 본다면 지극히 위험한) 설교는 당장의 목적에 크게 이바지, 재건공사가 급속도로 진행

Memo

학개

· 주전 520년 6월, 스가랴와 함께 16년간 방치된 성전 재건을 촉구

· 오바댜서 다음으로 짧은 2장

스가랴

· 주전 520년 8월, 스가랴는 학개보다 연하로 주전 480년 이후에도 살았고, 학개는 주전 520년의 사역 이후 곧 죽은 것으로 보임

· 학개는 성전 재건의 촉구에 초점. 스가랴는 성전 재건에 임하는 백성들의 자세와 태도에 초점

Memo

2차 성전 완공 스 5, 6장

· 학개/스가랴의 예언은 유다 땅에 선동적인 반향을 일으킴

· 사마리아 귀족들의 모함, 강서편 총독 닷드내의 조사, 혐의를 못 찾고 오히려 엑바타나 왕실기록보관소의 고레스 칙령이 재부각됨

· 주전 515년 3월 마침내 성전 완공

· 하지만 학개/스가랴가 선포한 메시아적 소망은 실현되지 않음, 한껏 달아오른 메시아적 소망이 꺾이자 감당키 힘든 절망에 빠짐, 다윗 왕조 회복은 커녕 국가적 회복도 요원

· 에스라/느헤미야 귀환까지 60년 가까이 여호수아와 후계자 중심의 신정 공동체, 행정상으로는 사마리아 속주에 통합

다리우스 1세의 통치

· 고레스 대왕의 훌륭한 후계자임을 입증, 광대한 영토를 20개 주로 나눔

· 수많은 건축물/나일 강과 홍해를 연결한 운하/사르디스와 수사를 연결한 교통망/법률 개혁/표준화폐제도

· 유일한 실패는 그리스 침공

Memo

마라톤 전투

· 무적의 다리우스 군대가 스키타이 정복에 실패하고 불명예 퇴각하면서 발단, 주전 547년 리디아 왕국 접수로 자연스레 편입된 이오니아 해안의 그리스 도시들이 반란, 밀레토스가 선봉, 무자비하게 진압됨, 밀레토스가 그리스에 원군을 요청하고 아테네가 20척 군함을 보내면서 대규모 국제전쟁으로 비화, 주전 492년 사위를 총사령관으로 원정, 그리스 관문인 트라키아 정복, 해군에서 문제 발생(폭풍이 함선 300척과 1만 명 군사를 삼키면서 중단됨), 주전 490년 2차 원정, 에레트리아를 파괴하고 아테네 직접 공격을 위해 마라톤 평원에 상륙, 수적 우세를 보인 페르시아 승리가 명약관화, 1만 명 그리스군과 2만 명 페르시아군, 밀티아데스의 그리스가 대승(6,400명 전사/192명 전사), '우리가 이겼다'는 말을 남기고 병사 죽음.

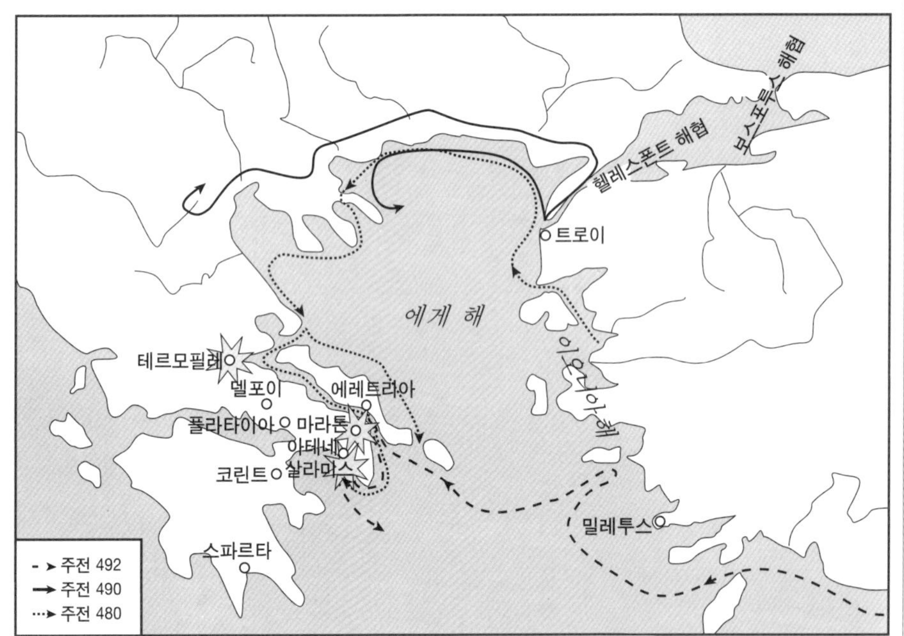

· 마라톤 전투

Memo

● **크세르크세스 1세 주전 486-465년**

· 무능한 인물(에스더에 등장하는 아하수에로)

· 이집트 반란(주전 486년)과 바벨론 반란(주전 482년)에 직면하지만 모두 진압, 이후 아버지의 유지인 그리스 침공, 주전 480년 테모필레에서 영웅적인 스파르타군을 격파하고 아테네 점령, 이후 그리스의 놀라운 역전, 살라미스 해전/플라타이아 전투에서 육해군이 모두 승리, 침대에서 암살됨

에스더

· 고레스 칙령에도 여전히 바벨론에는 많은 유대인들이 살았음, 이들이 전멸될 위기에서 구원받은 에피소드

· 아하수에로 3년에서 12년(주전 483-471년, 살라미스 해전을 벌이던 시기?)

· 아하수에로 3년, 잔치에서 왕후 와스디의 미를 뽐내고자 하지만 거절당함, 왕후를 폐위하고 미인 경연대회에서 에스더가 간택됨, 7년에 왕후가 됨, 아말렉 사람 하만에게 모르드개가 존경을 표하지 않자 유대인 전멸 계획, 에스더를 통해 발각되고 하만의 처형, 75,000명의 적들이 죽임을 당함

Memo

● 아닥사스다 1세 주전 465-425년

· 차남으로 합법적인 상속자들을 모두 제거한 후 왕권 장악

· 주전 460년 이나로스가 이끄는 이집트 반란, 메가비주스를 진압사령관으로 보내지만 주전 449년에 자신이 직접 반란을 일으키고 페르시아로부터 직위를 보장받음

· 주전 449년 그리스의 연전연승으로 굴욕적인 칼리아스 평화조약에 조인함

그리스에서는: 페리클레스 시대 주전 461-429년

· 3차에 걸친 페르시아 전쟁(주전492/490/480년) 승리 후 전성기를 구가, 주전 477년 아테네 중심으로 델로스 동맹 체결, 아테네는 점차 제국화하고 델로스 동맹의 풍부한 재력으로 민주정치와 문화를 발전시킴, 동맹시가 바친 자금으로 파르테논 신전 건축, 동맹시들에 민주정치를 보급하고 각처의 학자들을 아테네로 불러와 문화의 중심지로 만듦, 소크라테스/소포클레스 등이 활동

· 파르테논 신전

· 페리클레스 상

주전 515년에서 450년까지 유대인들의 운명

· 페르시아 제국 내 유대인 공동체

· 바벨론은 다수 유대인 공동체가 거주, 매우 부유해졌고 느헤미야 같은 고위직을 배출

· 엘레판틴 섬의 유대인 공동체, 독자적인 성전 건축

· 유대 공동체의 외적인 운명

· 스룹바벨 이후 토착민 총독 없이 사마리아 당국에 복속됨, 내정 문제만 대제사장이 처리(여호수아/요야김/엘리아십)

· 사마리아 속주 관리들과의 끊임없는 알력, 군사적 보호나 자위수단이 없어 습격과 보복에 수시로 시달림

· 주변 종족과의 관계도 팽팽한 긴장, 특히 에돔족과 적대적, 아랍족의 압박으로 고향 땅에서 쫓겨나 헤브론을 북쪽 경계로 남부 가나안 땅을 차지

Memo

유대 공동체의 정신적 상황

- 성전 완공에도 종교적/도덕적 기풍은 완전 바닥이었음
- 실망은 환멸을 환멸은 종교적/도덕적 해이를 낳음, 신앙에 충실해봤자 아무런 유익도 없다는 풍조가 만연
- 제사장들은 병들고 흠있는 짐승을 바침, 백성들은 십일조를 안 내 레위인들이 생활전선에 뛰어듦, 이혼 성행과 노동자 착취 만연, 창조적 실체로 살아남기 위해 특단의 대책이 필요한 상황이었음

Memo

말라기

· 주전 5세기 중반 느헤미야와 동시대 인물? 양자가 언급하는 죄들의 병행관계(제사장들의 타락/이방인과의 통혼/약자들에 대한 학대)

· 성전 완공 이후 펼쳐질 엄청난 청사진이 제시된 지 80여 년의 시간이 지난 시점, 휘황찬란한 약속들과 달리 영적/물질적으로 모두 열악한 유다의 상황, 경제적 궁핍/계속되는 흉작/전염병

에스라가 이끈 2차 귀환 스 7-10장

왕의 조서 7장

· 주된 임무는 사회적/영적으로 유대 공동체를 재건하는 일

여행 8장

· 1500명 가량이 아하바 강에 집결, 레위인이 없자 38명의 레위인을 설득해 참가, 레위인을 수종 들던 220명 느디님 사람도 동참, 주전458년(아닥사스다 7년) 1월 12일에 출발해 5월 1일에 예루살렘 도착, 주전 460년에 이집트 반란에 직면하던 시기(이집트에 지리적으로 근접한 유다 땅에 친페르시아 공동체를 만들려는 의도?)

이방인과의 결혼문제 9, 10장

· 제사장/레위인/지도자들도 예외가 아닌 이방인과의 통혼 문제, 마을에서 판사/장로들이 임명되어 이들이 3개월 조사 끝에 문제 해결, 곤경과 상처를 주었지만 유대인 공동체 재건을 위해 반드시 거쳐야 하는 과정임

Memo

느헤미야가 이끈 3차 귀환

느헤미야 1장

· 왕궁에서 아닥사스다 왕의 술잔을 올리는 사람, 주전 445년 12월 동생 하나니로부터 예루살렘의 상황을 듣고 근심에 빠짐, 4달간 고심하며 기도함, 슬픈 안색을 눈치챈 왕에게 이유를 말하면서 유다 땅으로 귀환이 허락됨

성벽 건축 2-6장

· 도착 3일 후 밤에 성 주변을 탐색, 사마리아 총독 산발랏/암몬 총독 도비야/아라비아 사람 게셈이 대적자로 나섬, 처음에는 비웃고 조롱, 나중에는 공격하는 도발을 감행, 두 조로 나누어 한쪽은 일하고 다른 한쪽은 무기를 들고 수비, 작업 현장에서 4번이나 느헤미야를 꾀어내지만 실패, 거짓 선지자 스마야를 통해 비난, 위협과 방해에도 52일만에 성벽 완성

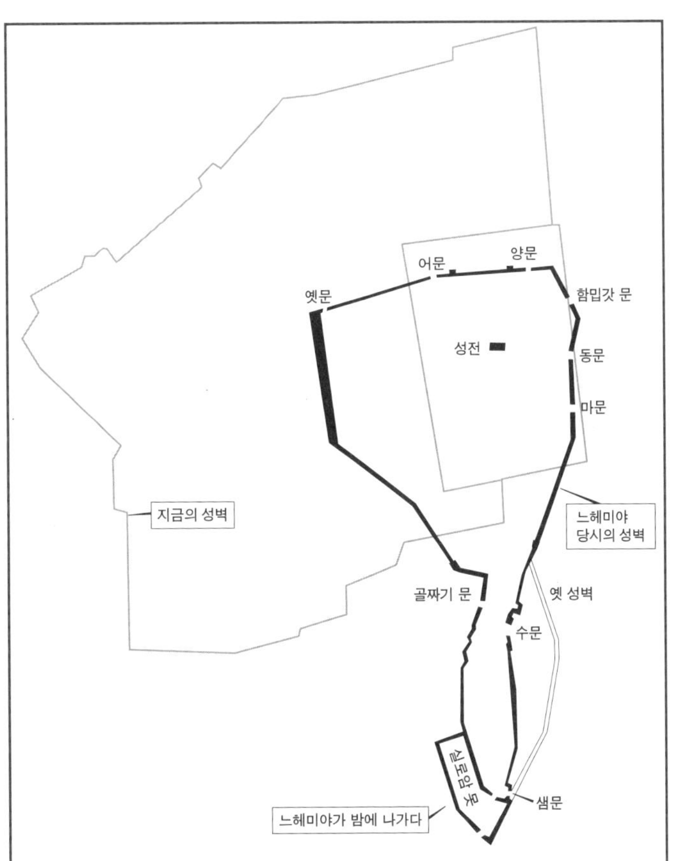

· 느헤미야 성벽

Memo

총독이 된 느헤미야 7-12장

· 첫 활동은 가난한 자들의 빚을 탕감, 총독의 보수를 거절, 하나니/하나냐를 예루살렘 지도자로 선출, 다른 도시에서 1/10 사람을 예루살렘으로 이주시킴, 주전 444년 가을 성벽 완공 직후 율법 낭독, 초막절 규례가 낭독되고 초막절을 철저히 지킴, 이후 성벽 봉헌식

둘째 임기 13장

· 첫 임기는 12년(주전444-433년), 돌아갔다가 왕을 설득해 다시 돌아옴, 잠깐 사이에 백성들이 율법에 해이한 상황을 보고 슬퍼함, 대제사장 엘리아십이 암몬 총독 도비야가 성전의 십일조 저장하는 방에 살도록 한 것을 보고 쫓아냄, 레위인이 생활전선에 나서자 십일조를 거둠, 안식일에 장사하자 성문을 온종일 닫도록 지시, 이방인과 통혼이 성행하자 범법자로 저주하고 구타하고 턱수염을 뽑음, 대제사장 엘리아십의 손자가 산발랏 딸과 결혼하자 국외로 추방, 아닥사스다가 죽은 주전 424년에는 임기가 끝났을 것임, 확실한 것은 주전 411년에는 페르시아인 총독 바고아스가 다스림

Memo

● 크세르크세스 2세 & 다리우스 2세

크세르크세스 2세 주전 423년

· 유일한 적자요 황태자로 즉위하지만 45일만에 암살, 소그디아누스가 암살하고 그 역시 다리우스2세에게 암살됨

다리우스 2세 주전 423-404년

· 30년 가까운 펠로폰네소스 전쟁기와 겹침, 전쟁에서 스파르타를 지원, 과거 그리스에 빼앗긴 소아시아 섬들에 대한 지배권을 점차 회복

Memo

펠로폰네소스 전쟁 주전 431-404년

스파르타(펠로폰네소스 동맹) & 아테네(델로스 동맹), 고린도가 스파르타에게 원조 요청하고 스파르타가 아테네를 침공하며 시작, 주전 430년 전염병으로 아테네 인구 1/4이 죽고 주전 429년 페리클레스마저 죽으면서 뿌리채 흔들림, 강화를 원하는 귀족파와 결사항전을 원하는 민주파의 대립, 민주파인 알키비아데스(페리클레스 조카요 소크라테스 제자)가 집권하며 반스파르타 정책, 3년간 시라쿠사 공략에 실패하면서 반대파에 추방됨, 이후 스파르타로 망명해 이적행위, 스파르타는 아테네의 보급로를 차단하고 하나씩 델로스 동맹에서 탈퇴함, 궁지에서 대사면령을 내리고 알키비아데스는 돌아옴, 하지만 리산드로스가 이끄는 스파르타 해군이 승리하고 육군도 아테네를 함락하며 종지부를 찍음

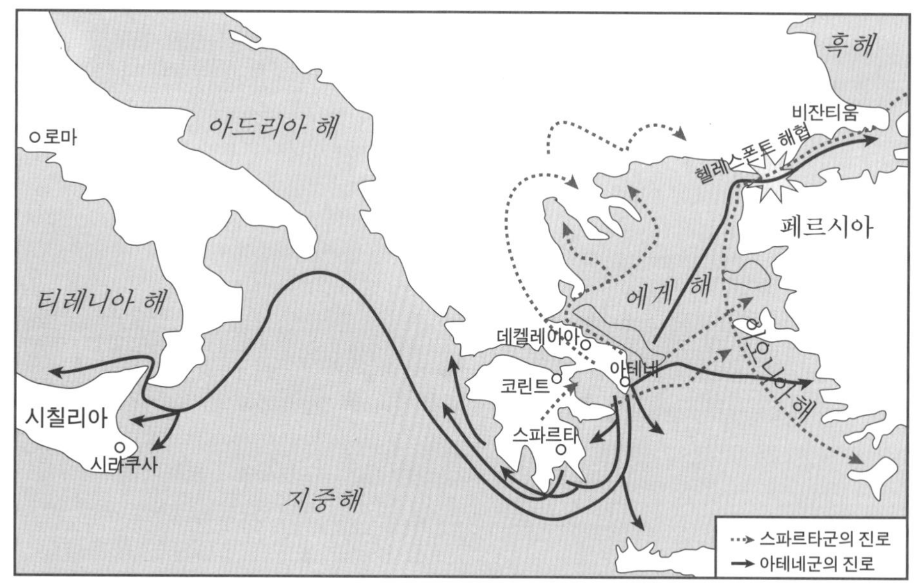

• 펠로폰네소스 전쟁

Memo

● 아닥사스다 2세 주전 404-359년

· 전면적 붕괴 위기, 주전 404년 이집트 독립(28-30왕조, 이후 60년 지속), 주전 401년 형제 고레스의 반란, 서부 지역 태수들은 이집트 독립에 고무되어 연합체 형성(단일화폐 발행), 주전 360년 이집트 타코스가 시리아로 진군하며 연합군도 페르시아로 진격, 이집트 폭동으로 타코스가 돌아가면서 연합군도 와해됨, 페르시아는 간신히 파국을 면함

이집트에서는

· 28왕조(주전 404-399년), 수도는 사이스, 주전 404년 아미르테우스가 반란을 일으키고 의외의 성공

· 29왕조(주전 398-380년), 수도는 멘데스, 네프리테스-아코리스

· 30왕조(주전 380-343년), 넥타네보스-타코스-넥타네보스 2세

· 주전 4세기의 이집트

Memo

● 마지막 왕들 주전 359-330년

아닥사스다 3세 주전 359-338년

· 잠시나마 국력 회복, 경쟁자들을 모조리 죽이고 철권통치, 주전 343년 이집트 재정복, 권력욕 강한 환관 바고아스로 인해 멸망으로 치달음, 바고아스는 왕을 독살하고 아르세스를 앉힘, 하지만 2년 후 아르세스마저도 독살하고 다리우스 3세를 앉힘

아르세스 주전 338-336년

· 아닥사스다 3세의 아들, 2년 통치 후 암살됨

다리우스 3세 주전 336-331년

· 최후의 심판에 직면한 페르시아 제국의 마지막 왕, 주전 338년 필립 2세는 카이로네이아 전투 승리로 그리스 전체를 장악, 주전 336년 다리우스 3세와 알렉산더가 동시 즉위, 그리고 5년 후 서로의 운명이 갈림

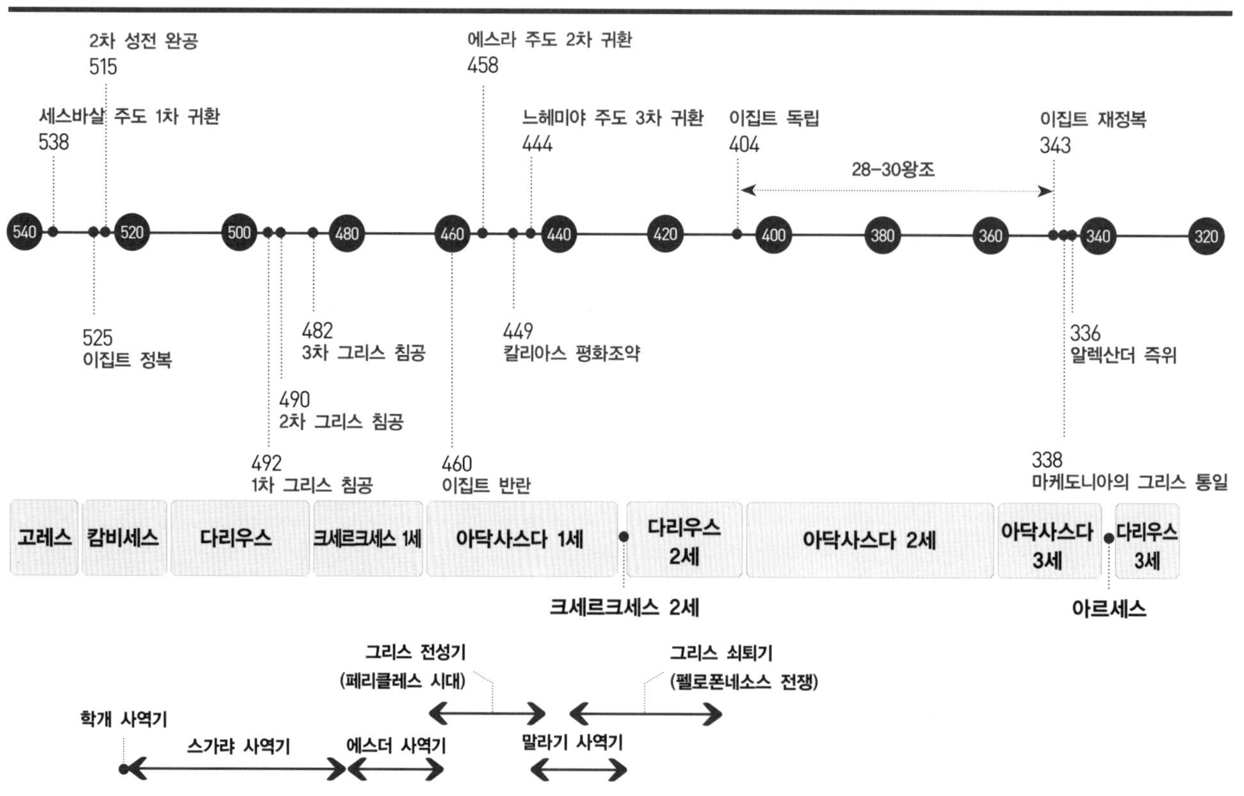

역사 드라마로 읽는 성경은

성경의 땅 이스라엘에서 11년간 사역한 류모세 선교사가 제시하는
새로운 패러다임의 '성경일독학교' 교재입니다.
《역사 드라마로 읽는 성경》은 다음 3가지 로드맵을 통해 진행됩니다.

Bible Experience

01 일반인 과정 성경 세미나

대상 성경을 더 깊이 알기 원하는 일반 성도들

진행 《역사 드라마로 읽는 성경》을 교재로 7주 동안 매주 2시간씩 총 14시간의 성경 세미나를 통해 창세기부터 말라기까지의 구약성경을 역사적 관점에서 관통합니다. 또는 2박 3일 일정의 수련회를 통해 단기간 집중 세미나로 진행되기도 합니다.

문의 ryush_2000@yahoo.co.kr

02 지도자 과정 성경 세미나 10주 코스

대상 《역사 드라마로 읽는 성경》을 교재로 하여 소그룹을 대상으로 성경을 직접 가르치기 원하는 목회자, 성경교사, 그리고 평신도 리더십

진행 두란노바이블칼리지 주최로 매년 봄학기와 가을학기에 두 번 진행합니다. 매회 3시간씩 10주 동안 총 30시간의 공부를 통해 《역사 드라마로 읽는 성경》을 가지고 성경을 직접 가르칠 수 있는 지도자를 양성하고 훈련합니다.

문의 두란노바이블칼리지 02-2078-3456

03 이스라엘에서 진행하는 〈현장체험 성경일독학교〉 8박 9일 또는 15박 16일

대상 단순한 성지순례가 아니라 바이블 스터디를 겸한 업그레이드된 성지 여행을 원하는 성도들

진행 8박 9일 일정(또는 15박 16일)으로 성경의 땅 이스라엘 구석구석을 누비며 성경일독 삼매경에 빠지는 〈현장체험 성경일독학교〉는 매일 아침 1시간 30분씩 성경을 공부하고 현장을 답사하는 형태로 진행됩니다.

문의 www.israeltoday.co.kr

역사 드라마로 읽는 성경(교재)

지은이 | 류모세
초판 | 2012년 3월 16일
16쇄 | 2023년 2월 17일
등록번호 | 제3-203호
등록된 곳 | 서울특별시 용산구 서빙고로 65길 38
발행처 | 사단법인 두란노서원
영업부 | 2078-3333 FAX 080-749-3705
출판부 | 2078-3477

책 값은 뒤표지에 있습니다.
ISBN 978-89-531-1736-5 03230

편집부에서 독자의 의견을 기다립니다.
tpress@duranno.com http://www.Duranno.com

두란노서원은 바울 사도가 3차 전도여행 때 에베소에서 성령 받은 제자들을 따로 세워 하나님의 말씀으로 양육하던 장소입니다. 사도행전 19장 8-20절의 정신에 따라 첫째 목회자를 돕는 사역과 평신도를 훈련시키는 사역, 둘째 세계선교(TIM)와 문서선교(단행본 · 잡지) 사역, 셋째 예수문화 및 경배와 찬양 사역, 그리고 가정 · 상담 사역 등을 감당하고 있습니다. 1980년 12월 22일에 창립된 두란노서원은 주님 오실 때까지 이 사역들을 계속할 것입니다.